Neil Postman

Das Verschwinden der Kindheit

Aus dem Amerikanischen
von Reinhard Kaiser

S. Fischer

Für Shelley

Die amerikanische Originalausgabe erschien 1982 unter dem Titel
The Disappearance of Childhood bei Delacorte Press, New York
Copyright © 1982 by Neil Postman
Deutsche Ausgabe:
© S. Fischer Verlag GmbH, Frankfurt am Main 1983
Umschlagentwurf: Atelier Rambow, Lienemeyer, van de Sand
Gesamtherstellung: Druckerei G. Wagner, Nördlingen
Printed in Germany 1983
ISBN 3-10-062406-8

Inhalt

Einleitung

Kinder sind die lebenden Botschaften, die wir einer Zeit übermitteln, an der wir selbst nicht mehr teilhaben werden. Eine Kultur, die vergißt, daß sie sich reproduzieren muß, ist, biologisch gesehen, undenkbar. Aber eine Kultur kann sehr wohl Bestand haben, ohne über eine gesellschaftliche Vorstellung von Kindern zu verfügen. Anders als das Säuglingsalter ist die Kindheit ein gesellschaftliches Kunstprodukt, keine biologische Kategorie. Unsere Gene enthalten keine klaren Anweisungen darüber, wer ein Kind ist und wer nicht, und auch die Gesetze des Überlebens machen es nicht erforderlich, eine Unterscheidung zwischen der Welt des Erwachsenen und der Welt des Kindes zu treffen. Wenn wir mit dem Wort »Kinder« eine bestimmte Kategorie von Menschen zwischen sieben und, sagen wir, siebzehn Jahren bezeichnen, die bestimmte Formen von Pflege, Unterricht und Schutz benötigen, dann läßt sich eine Fülle von Belegen dafür anführen, daß es »Kinder« erst seit weniger als vierhundert Jahren gibt. Und wenn wir das Wort »Kinder« in dem umfassenden Sinne verwenden, in dem man es im allgemeinen begreift, dann ist »Kindheit« kaum älter als hundertfünfzig Jahre. Um ein einfaches Beispiel zu nennen: Die Sitte, den Geburtstag eines Kindes zu feiern, gab es im 18. Jahrhundert in Amerika nicht[1], und auch die Gepflogenheit, das Alter eines Kindes genau anzugeben, ist noch relativ jung, nicht älter als zweihundert Jahre.[2]
Und ein zweites, wichtigeres Beispiel: Noch um 1890 nahmen die amerikanischen High Schools nur sieben Prozent der Vierzehn- bis Siebzehnjährigen auf.[3] Die übrigen 93 Prozent leisteten, wie

7

viele andere noch erheblich jüngere Kinder, Erwachsenenarbeit, einige von Sonnenaufgang bis Sonnenuntergang und in all unseren Großstädten.

Aber wir dürfen hier soziale Tatsachen nicht mit sozialen Ideen vermischen. Die Idee der Kindheit ist eine der großen Erfindungen der Renaissance, vielleicht ihre menschlichste. Zusammen mit der Wissenschaft, dem Nationalstaat und der Religionsfreiheit hat sich die Kindheit als soziale Struktur und als psychologisches Bedingungsgefüge im 16. Jahrhundert herausgebildet und bis in unsere Zeit weiterentwickelt. Aber wie bei allen gesellschaftlichen Institutionen ist ihr Fortbestand durchaus nichts Selbstverständliches. Dieses Buch geht gerade auf die Beobachtung zurück, daß die Idee der Kindheit verschwindet, und zwar in einem erschreckenden Tempo. Ein Teil meiner Aufgabe auf den folgenden Seiten besteht darin, Zeugnisse für diese These vorzubringen – obwohl ich vermute, daß die meisten Leser von ihr nicht erst lange überzeugt werden müssen. Überall, wo ich über das Verschwinden der Kindheit gesprochen und geschrieben habe, da haben Zuhörer oder Leser diese These nicht nur nicht in Zweifel gezogen, sie haben sie vielmehr bereitwillig mit Beobachtungen aus ihrer eigenen Erfahrung bestätigt. Daß sich die Trennungslinie zwischen Kindheit und Erwachsenenalter rasch auflöst, ist bei denen, die auf solche Dinge achten, allgemein bekannt, und selbst diejenigen, die nicht so genau hinsehen, hegen ähnliche Vermutungen. Nicht so ohne weiteres begreift man jedoch, wie die Kindheit entstanden ist, und noch viel weniger, warum sie verschwinden sollte.

Ich glaube, ich kenne einige einleuchtende Antworten auf diese Fragen, zum größten Teil abgeleitet aus einer Reihe von Mutmaßungen darüber, wie sich die Kommunikationsmedien auf den Prozeß der Sozialisation auswirken; wie insbesondere die Druckerpresse die Kindheit hervorgebracht hat und wie die elektronischen Medien sie zum Verschwinden bringen. Mit anderen Worten, meinem Verständnis nach steht im Zentrum dieses Buches, so wie es ist, nicht die These, daß die Kindheit verschwindet, sondern eine Theorie darüber, warum etwas Derartiges geschehen kann. Deshalb ist das Buch in zwei Teile gegliedert. Teil 1 will zeigen, woher die Idee der Kindheit stammt und insbesondere wie die Kommunikationsbedingungen beschaffen waren, die die Kindheit zunächst unnötig und später dann unumgänglich machten. Teil 2 versetzt uns in die heutige Zeit und versucht zu zeigen, wie der Übergang von der Welt Gutenbergs zu der Samuel Morses die Kindheit zu einer sozialen Struktur gemacht hat, deren Fortbestand gefährdet und vielleicht sogar überflüssig ist.

Einer Frage von großer Bedeutung wird sich dieses Buch nicht zuwenden, der Frage nämlich: Was können wir angesichts des Verschwindens der Kindheit tun? Der Grund hierfür ist, daß ich auf sie keine Antwort weiß. Ich sage das mit einer Mischung aus Erleichterung und Niedergeschlagenheit. Die Erleichterung rührt daher, daß ich der schweren Aufgabe enthoben bin, anderen Menschen Ratschläge zu erteilen, wie sie ihr Leben führen sollen. In meinen früheren Büchern habe ich mir erlaubt, Lösungswege für dieses oder jenes Problem vorzuschlagen. Von Pädagogen wird, wie mir scheint, dergleichen erwartet. Ich hätte mir nie träumen lassen, wie angenehm es sein kann, zuzugeben, daß die Fähigkeit, Lösungen zu ersinnen, nur so weit reicht wie das eigene Verständnis des Problems.

Die Niedergeschlagenheit hat natürlich den gleichen Ursprung. Mit ansehen zu müssen, wie der Charme, die Wandelbarkeit und die Neugier der Kinder verkommen und am Ende in einem scheinhaften Erwachsensein erstarren, ist schmerzlich und irritierend und stimmt traurig. Tröstlich erschien mir indessen der folgende Gedanke: Wenn man nicht sagen kann, wie wir eine gesellschaftliche Katastrophe abwenden können, dann ist vielleicht schon der Versuch nützlich, zu verstehen, warum sie sich ereignet.

Teil I

Die Erfindung der Kindheit

Kapitel 1

Als es keine Kinder gab

Während ich dies schreibe, gehören zwölf- und dreizehnjährige Mädchen zu den bestbezahlten Photomodellen Amerikas. Anzeigen in allen visuellen Medien präsentieren sie dem Publikum als erfahrene, sexuell aufreizende Erwachsene, die sich in ihrer erotisch geprägten Umgebung durchaus zu Hause fühlen. Wer solche Darbietungen einer weichen Pornographie miterlebt und sich noch nicht völlig an die neue amerikanische Einstellung zu Kindern angepaßt hat, der sehnt sich geradezu zurück nach der Anmut und verführerischen Unschuld von Nabokovs Lolita.

In Groß- und Kleinstädten überall im Lande schwindet der Unterschied zwischen den von Erwachsenen und den von Kindern begangenen Verbrechen, und in vielen Bundesstaaten gleichen sich auch die Strafen immer mehr. Zwischen 1950 und 1979 ist die Zahl der von Kindern und Jugendlichen unter fünfzehn Jahren begangenen schweren Verbrechen um das Hundertzehnfache oder elftausend Prozent gestiegen. Angehörige der älteren Generation mögen sich fragen, wie es zu dieser »Jugenddelinquenz« gekommen ist, und mit Wehmut an jene Zeit zurückdenken, in der man einen Dreizehnjährigen, der auf der Schultoilette eine Zigarette rauchte, noch als »Problemfall« ansah.

Angehörige der älteren Generation werden sich auch erinnern, daß es einmal einen bedeutsamen Unterschied zwischen Kinder- und Erwachsenenkleidung gegeben hat. Im letzten Jahrzehnt hat die Kinderbekleidungsindustrie einen derart raschen Wandel durchgemacht, daß die »Kinderkleidung« praktisch verschwunden ist. Wie es scheint, wird eine von Erasmus aufgestellte und dann im 18. Jahrhundert zu voller Wirkung gelangte These – daß nämlich Kinder und Erwachsene unterschiedlicher Kleidung bedürfen – heutzutage sowohl von den Erwachsenen als auch von den Kindern zurückgewiesen.

Wie die Unterschiede in der Kleidung, so verschwinden auch die auf den Straßen unserer Städte einst deutlich sichtbaren Kinderspiele immer mehr. Es scheint, daß wir kaum noch wissen, was ein Kinderspiel ist. So wie man es sich früher vorstellte, benötigt ein Kinderspiel keine Trainer und keine Schiedsrichter und auch keine Zuschauer; es nutzt den Raum und die Mittel, die ihm gerade zur Verfügung stehen, und es wird allein um des Vergnügens willen gespielt. Der Jugendfußball jedoch oder der amerikanische Little League Baseball werden nicht nur von Erwachsenen überwacht, diese Aktivitäten orientieren sich auch in jeder Hinsicht am Leistungs- und Spitzensport. Ohne Schiedsrichter geht es nicht. Eine Sportausrüstung wird benötigt. Erwachsene jubeln und johlen von den Zuschauerrängen. Aber wann hat man zuletzt Kinder über neun Jahren gesehen, die Reiterkampf oder Hinkel und Hüpf oder Blinde Kuh spielen? Peter und Iona Opie, die bedeutenden englischen Historiker des Kinderspiels, haben Hunderte von Spielen ermittelt, die gegenwärtig von amerikanischen Kindern kaum noch gespielt werden. Selbst das Versteckspiel, das schon vor zweitausend Jahren im Athen des Perikles gespielt wurde, ist aus dem Repertoire der selbstorganisierten Kindervergnügungen inzwischen fast völlig verschwunden.[1] Mit einem Wort, Kinderspiele sind vom Aussterben bedroht.

Wie die Kindheit selbst eben auch. Wohin man sieht, überall stellt man fest, daß sich das Verhalten, die Sprache, die Einstellungen und die Wünsche – und selbst die äußere Erscheinung – von Erwachsenen und Kindern immer weniger voneinander unterscheiden. Zweifellos erklärt sich hieraus die wachsende Bewegung, die für eine Neubestimmung der Rechte des Kindes und eine Angleichung dieser Rechte an die der Erwachsenen eintritt. (Siehe z. B. das Buch von Richard Farson *Menschenrechte für Kinder*.) Ihre Schubkraft gewinnt diese Bewegung, die sich unter anderem gegen die Pflichtschule wendet, aus der These, daß der vermeintlich bevorzugte Status der Kinder in Wirklichkeit von einer Unterdrückung geprägt ist, die die Kinder daran hindert, am Leben der Gesellschaft tatsächlich teilzunehmen.

Das Belegmaterial, das die These vom Verschwinden der Kindheit stützt, werde ich weiter unten im einzelnen erörtern, hier nur so viel: von all den Zeugnissen, die für diese These sprechen, ist keines aufschlußreicher als die Tatsache, daß die Geschichte der Kindheit inzwischen zu einem wichtigen Zweig des Wissenschaftsbetriebs geworden ist. Als wollten sie Marshall McLuhans Beobachtung bestätigen, sobald ein gesellschaftliches Kunstprodukt obsolet geworden sei, verwandele es sich in einen Gegenstand der Nostalgie und des Nachdenkens, haben Historiker und Gesellschaftskritiker in den letzten beiden Jahrzehnten Dutzende gewichtiger Werke über die Kindheitsgeschichte hervorgebracht, während in der Zeit etwa zwischen 1800 und 1960 nur sehr wenig über dieses Thema geschrieben wurde.[2] Man darf wohl sagen, daß die 1960 in Frankreich erschienene *Geschichte der Kindheit* von Philippe Ariès diesen Forschungsbereich schuf und den Boom auslöste. Warum gerade jetzt? Eines läßt sich zumindest feststellen: die besten historischen Darstellungen werden geschrieben, wenn ein Ereignis abgeschlossen ist, wenn eine Periode zu Ende geht, wenn es unwahrscheinlich ist, daß sie einen neuen, kraftvollen Aufschwung erlebt. Die Historiker kommen im allgemeinen nicht zur Hochzeit, sondern zum Begräbnis. In jedem Falle tun sie sich mit einer Autopsie leichter als mit der Berichterstattung über offene Entwicklungsprozesse.

Aber auch wenn ich mich mit der Annahme, das plötzliche Interesse an ihrer Geschichte sei an sich schon ein Anzeichen für das Verblassen der Kindheit, im Irrtum befinden sollte – wir müssen jedenfalls dankbar dafür sein, daß wir nun endlich über Untersuchungen zum Ursprung der Kindheit verfügen. Mit ihrer Hilfe können wir begreifen lernen, warum eine Idee wie die der Kindheit entworfen worden ist, und wir können Mutmaßungen darüber anstellen, warum sie womöglich obsolet wird. Deshalb möchte ich hier zunächst die Geschichte der Kindheit nachzeichnen, so wie sie sich jemandem, der einen großen Teil der verfügbaren Literatur gründlich gelesen hat, darstellt.

Über die Einstellung der Antike zum Kind wissen wir sehr wenig. Die Griechen beispielsweise widmeten der Kindheit als einer besonderen Altersstufe nur geringe Aufmerksamkeit, und das alte Sprichwort, die Griechen hätten für alles ein Wort, gilt nicht für den Begriff des Kindes. Ihre Wörter für »Kind« und »Jugendlicher« sind zumindest mehrdeutig und scheinen fast jedermann zwischen dem Säuglings- und dem Greisenalter zu umfassen. Obgleich sich keines ihrer Gemälde erhalten hat, ist es unwahrscheinlich, daß es die Griechen der Mühe wert erachteten, Kinder auf ihnen darzustellen. Aber immerhin wissen wir, daß sich unter ihren erhalten gebliebenen Statuen keine einzige Darstellung eines Kindes befindet.[3]

Es finden sich in ihrer umfangreichen Literatur Hinweise auf das, was wir als Kinder bezeichnen würden, aber diese Hinweise bleiben undeutlich und vage, so daß man sich kein klares Bild davon machen kann, wie die griechische Auffassung des Kindes tatsächlich beschaffen war. Xenophon etwa berichtet von der Beziehung eines Mannes zu seiner jungen Frau. Sie ist noch keine fünfzehn und so erzogen worden, daß sie »so wenig wie möglich hört und sieht und möglichst wenig Fragen stellt«. Aber da sie gleichzeitig erklärt, ihre Mutter habe ihr gesagt, daß sie, die Fünfzehnjährige, nicht zähle, sondern nur ihr Ehemann, läßt sich nicht eindeutig klären, ob wir hier etwas über die Einstellung der Griechen zu Frauen oder ihre Einstellung zu Kindern erfahren. Wir wissen indessen, daß es in Griechenland noch bis in die Zeit des Aristoteles keine moralischen und gesetzlichen Beschränkungen der Kindestötung gab. Obwohl Aristoteles der Ansicht war, dieser abscheulichen Praxis sollten Grenzen gezogen werden, erhob er doch keine entschiedenen Einwände dagegen.[4] Wir sehen daran, daß sich die griechische Anschauung über den Wert eines Kinderlebens von der unseren drastisch unterschied. Allerdings nicht immer. Herodot erzählt mehrere Geschichten, in denen sich eine modernen Anschauungen eher zugängliche Einstellung andeutet. In einer dieser Geschichten suchen zehn Korinther ein Haus auf in der Absicht, einen kleinen Knaben zu töten, von dem ein Orakel geweissagt hat, er werde ihre Stadt zerstören, wenn er herangewachsen ist. Als sie zu dem Haus gelangen, gibt die Mutter in dem Glauben, die Männer statteten ihr einen freundlichen Besuch ab, einem von ihnen den Knaben auf den Arm. Der Knabe lächelt und rührt, wie wir sagen würden, die Herzen der Männer, die bald wieder aufbrechen, ohne ihren furchtbaren Auftrag zu erfüllen. Unklar bleibt, wie alt der Junge war, aber offensichtlich war er noch so klein, daß ihn ein Erwachsener auf dem Arm tragen konnte. Wäre er acht oder neun Jahre alt gewesen, dann wäre es den Männern vielleicht nicht so schwergefallen, das Vorhaben auszuführen, dessentwegen sie gekommen waren.

Eines jedoch liegt auf der Hand. Auch wenn die Griechen über das Wesen der Kindheit nur undeutliche und verschwommene Vorstellungen hegten (jedenfalls nach unseren Maßstäben), so entwickelten sie doch beträchtlichen Ehrgeiz in Erziehungsfragen. Der größte Athener Philosoph, Platon, hat sich ausführlich zu diesem Thema geäußert und nicht weniger als drei verschiedene Vorschläge zur richtigen Erziehung der Jugend entwickelt. Außerdem beschäftigen sich einige seiner denkwürdigen Dialoge mit Erziehungsproblemen, etwa der Frage, ob man Tugend und Mut lehren könne oder nicht. (Er ist der Ansicht, das sei möglich.) Es besteht kein Zweifel, daß die Griechen die Idee der Schule erfunden haben. Ihr Wort für *Schule* bedeutete zugleich *Muße* und spiegelt so die typisch athenische Überzeugung wider, daß ein zivilisierter Mensch, der Muße hat, seine Zeit ganz natürlich mit Denken und Lernen zubringen wird. Selbst die harten Spartaner, bei denen es um das, was ihre Nachbarn Denken und Lernen nannten, nicht so gut bestellt war, richteten Schulen ein. Plutarchs Lebensbeschreibung des Lycurgus in den *Parallelbiographien großer Griechen und Römer* zufolge nahmen die Spartaner siebenjährige Jungen in Klassen auf, wo sie sportlichen Übungen nachgingen und miteinander spielten. Auch Lesen und Schreiben brachte man ihnen bei, »gerade so viel«, berichtet uns Plutarch, »wie ihnen nützlich war«.

Die Athener ihrerseits gründeten bekanntlich eine Vielfalt von Schulen, von denen einige an der Ausbreitung griechischer Kultur in viele Weltgegenden Anteil hatten. Es gab die Gymnasien, die Ephebien, die Rhetorschulen und sogar Elementarschulen, in denen Lesen und Rechnen gelehrt wurden. Und auch wenn die Schüler – etwa an einer Elementarschule – älter waren, als wir es erwarten würden (viele griechische Knaben lernten erst im Jünglingsalter lesen), gilt doch, daß man sich überall, wo es Schulen gibt, auch bis zu einem gewissen Grad der Besonderheit der jungen Menschen bewußt ist.

Dennoch darf man aus dem Interesse der Griechen für die Schule nicht den Schluß ziehen, daß ihre Konzeption von Kindheit der unseren entsprochen hätte. Nicht nur die Spartaner, deren Disziplinierungsmethoden uns heute als Folter erscheinen, brachten nicht das heutzutage als normal geltende Maß an Einfühlung und Verständnis bei der Erziehung ihrer Kinder auf, das gleiche gilt für die übrigen Griechen. »Das Material, das ich über die Methoden zur Disziplinierung von Kindern gesammelt habe«, stellt Lloyd deMause fest, »veranlaßt mich zu der Überzeugung, daß ein sehr großer Prozentsatz der vor dem 18. Jahrhundert geborenen Kinder – in heutiger Terminologie – ›geschlagene Kinder‹ waren.«[5] DeMause vermutet sogar, daß »hundert Generationen von Müttern« untätig zusahen, wie ihre Babys und Kinder unter vielfältigen Qualen und Unannehmlichkeiten litten, weil diese Mütter (und erst recht die Väter) nicht imstande waren, sich in ein Kind hineinzuversetzen.[6] Wahrscheinlich trifft diese Vermutung zu. Gewiß gibt es auch heute noch Eltern, die unfähig sind, gegenüber Kindern Empathie aufzubringen – und das nach vierhundert Jahren der bewußten Wahrnehmung von Kindern. Wenn also Platon im *Protagoras* empfiehlt, ungehorsame Kinder »mit Drohungen und Schlägen wie ein Stück verzogenes Holz« zurechtzubiegen, dann dürfen wir darin wohl eine erheblich ältere Fassung des traditionellen Ratschlags erkennen: »Die Rute macht aus bösen Kindern gute.« Und wir dürfen auch davon ausgehen, daß den Griechen trotz all ihrer Schulen und trotz ihres Bemühens, den jungen Menschen Tugendhaftigkeit zu vermitteln, der Gedanke an eine Kinderpsychologie oder an eine besondere Pflege und Erziehung der Kinder unverständlich gewesen wäre.

Nach alledem möchte ich aber gerechterweise doch mit der Feststellung schließen, daß uns die Griechen sehr wohl eine Vorahnung von der Idee der Kindheit geschenkt haben. Wie viele Ideen, die wir heute als selbstverständliches Element der Zivilisation betrachten, verdanken wir auch die Vorstellung der Kindheit, jedenfalls in Teilen, den Griechen. Sie haben die Kindheit zwar nicht erfunden, aber sie sind ihrer Idee so nahe gekommen, daß wir, als sie zweitausend Jahre später tatsächlich erfunden wurde, imstande waren, ihre Wurzeln zu erkennen.

Die Römer übernahmen, wie man weiß, die griechische Konzeption der Schulerziehung und entwickelten sogar ein Bewußtsein für die Eigenart der Kindheit, das über die griechischen Vorstellungen hinauswies. Die römische Kunst etwa zeigt »einen ganz außerordentlichen Sinn für Lebensalter, für das kleine und das heranwachsende Kind, wie man ihm in der abendländischen Kunst bis in die Zeit der Renaissance nicht mehr begegnen sollte«.[7] Außerdem begannen sie, einen in moderner Zeit für selbstverständlich gehaltenen Zusammenhang zwischen dem heranwachsenden Kind und der Idee der Scham herzustellen. Es war dies ein entscheidender Schritt auf dem Weg zur Institutionalisierung der Kindheit, und ich werde bei der Erörterung des Niedergangs dieser Institution im mittelalterlichen Europa sowie in der Gegenwart noch ausführlich auf diesen Sachverhalt zu sprechen kommen. Der entscheidende Punkt hierbei ist dieser: *Ohne entwickeltes Schamgefühl kann es Kindheit nicht geben.* Es ist das bleibende Verdienst der Römer, daß sie – freilich nicht alle und auch nicht in genügender Zahl – diesen Zusammenhang erfaßt haben. In einem interessanten Abschnitt seiner Ausführungen über Erziehung wirft Quintilian seinen Zeitgenossen ihr schamloses Verhalten in Anwesenheit adliger römischer Kinder vor:

»Wir freuen uns, wenn sie etwas Loses sagen: Worte, die wir nicht einmal aus dem Munde alexandrinischer Zierbengel dulden dürfen, nehmen wir mit Lachen und einem Küßchen hin . . . von uns hören sie es, unsere Freundinnen und unsere Schlafzimmerfreunde sehen sie, jede Abendgesellschaft dröhnt von unanständigen Liedern, was man auch nur zu nennen sich scheut, ist da zu sehen.«[8]

Hier haben wir eine ganz und gar moderne Ansicht vor uns, die die Kindheit zum Teil dadurch definiert, daß sie für dieses Lebensalter die Abschirmung vor den Geheimnissen der Erwachsenen und besonders den sexuellen Geheimnissen verlangt. Quintilians Vorwurf an die Erwachsenen, die es versäumen, diese Geheimnisse vor jungen Menschen zu wahren, bietet ein gutes Beispiel für eine Haltung, die Norbert Elias in seinem großen Buch *Über den Prozeß der Zivilisation* als einen Grundzug zivilisierter Kultur bestimmt und die dazu führt, daß der Sexualtrieb einer strengen Regelung unterworfen wird, daß den Erwachsenen der Zwang auferlegt wird, all ihre Triebäußerungen (und ganz besonders die sexuellen) zu »intimisieren«, und daß gegenüber den jungen Menschen ein »Bann des Schweigens« in bezug auf das Triebleben aufrechterhalten wird.[9]

Nun lehrte Quintilian, wie man weiß, die Redekunst, und in dem Werk, durch das wir ihn am besten kennen, stellt er dar, wie ein bedeutender Redner von Kindesbeinen an erzogen werden soll. Deshalb dürfen wir annehmen, daß er mit seinem Gespür für die Eigenart junger Menschen seinen Zeitgenossen weit voraus war. Gleichwohl gibt es eine nachweisbare Verbindungslinie zwischen den Anschauungen Quintilians und dem ersten bekannten Gesetz zum Verbot der Kindestötung. Dieses Gesetz wird erst 374 n. Chr., dreihundert Jahre nach Quintilian, erlassen.[10] Aber es stellt eine Erweiterung der Idee dar, daß Kinder Schutz und Pflege, schulische Erziehung und Freiheit von den Geheimnissen der Erwachsenen benötigen.

In nachrömischer Zeit jedoch verlieren sich alle diese Ideen.

Jeder halbwegs Gebildete weiß von den Einbrüchen der Barbaren aus dem Norden, vom Zusammenbruch des Römischen Reiches, vom Zurücksinken der antiken Kultur in die Unsichtbarkeit und vom Abstieg Europas in das sogenannte finstere Mittelalter. Unsere Schulbücher berichten einigermaßen ausführlich über diesen Wandlungsprozeß, sie übersehen allerdings häufig vier Punkte, die gerade für die Geschichte der Kindheit besonders wichtig sind. Erstens, es verschwindet die Fähigkeit, zu lesen und zu schreiben, kurz die »Literalität« *(literacy)*. Zweitens, es verschwindet die Erziehung. Drittens, es verschwindet das Schamgefühl. Und viertens, infolge der drei anderen Prozesse kommt es zum Erlöschen der Kindheit. Um diese letzte Folge zu begreifen, müssen wir uns die drei zuerst genannten Entwicklungen eingehender vergegenwärtigen.

Warum die Lese- und Schreibfähigkeit zerfallen ist, scheint zunächst so rätselhaft wie vieles andere in dem Jahrtausend zwischen dem Niedergang Roms und der Erfindung der Druckerpresse. Eine Annäherung an dieses Problem wird aber möglich, wenn man es so stellt, wie es Eric Havelock in seinem Buch *Origins of Western Literacy* getan hat. »Warum«, so fragt er, »schrumpfte der Gebrauch des römischen Alphabets nach dem Fall von Rom so sehr zusammen, daß die Masse der Bevölkerung aufhörte, zu lesen und zu schreiben, und sich die soziale Literalität der vorangegangenen Zeit in eine Fachliteralität zurückverwandelte und so das Rad der Geschichte zurückdrehte?«[11] Was Havelocks Frage so hilfreich macht, ist die Unterscheidung zwischen »sozialer Literalität« und »Fachliteralität«. Unter sozialer

Literalität versteht er Verhältnisse, in denen die meisten Menschen lesen können und dies auch tun. Unter Fachliteralität versteht er Verhältnisse, in denen sich die Lesekunst auf einige wenige beschränkt, die dann eine schriftkundige und deshalb privilegierte Klasse bilden. Mit anderen Worten, wenn wir eine »literale« oder Schrift-Kultur nicht im Hinblick darauf definieren, ob sie über ein Schriftsystem verfügt, sondern unter dem Gesichtspunkt, wie viele Menschen diese Schrift lesen und schreiben können und wie leicht ihnen dies fällt, dann lassen sich in bezug auf die Frage, warum die Literalität verfiel, einige einleuchtende Mutmaßungen anstellen.

Eine von ihnen liefert Havelock selbst, wenn er beschreibt, wie im Laufe des Mittelalters die Schreibstile für die Buchstaben des Alphabets immer vielgestaltiger, die Formen des Buchstaben zunehmend komplizierter und schwerer identifizierbar werden. Die Europäer vergaßen, so scheint es, daß die »Wiedererkennung« – das griechische Wort für »Lesen« – rasch und unmittelbar sein muß, wenn das Lesen eine allgemein geübte Praxis sein soll. Die Formen der Buchstaben müssen sozusagen durchsichtig sein, denn es gehört zu den wunderbaren Eigenschaften der alphabetischen Schrift, daß man über die Buchstaben, wenn man sie einmal erlernt hat, nicht mehr nachzudenken braucht. Psychologisch gesehen, verschwinden sie und schieben sich nicht mehr als Gegenstand der Überlegung zwischen den Leser und seine Erinnerung an die gesprochene Sprache. Wenn hingegen die Kalligraphie Aufmerksamkeit für sich selbst beansprucht oder zu Mißverständnissen Anlaß gibt, dann geht das entscheidende Moment von Literalität verloren, genauer gesagt: es geht für die Mehrzahl der Menschen verloren. Havelock schreibt: »Kalligraphische Virtuosität jeder Art begünstigt die Fachliteralität und wird von ihr begünstigt, sie ist jedoch der Feind der sozialen Literalität. Das traurige Schicksal des griechischen wie auch des römischen Alphabets während des Mittelalters machen dies hinreichend deutlich.«[12] Es kam – um es einfach auszudrücken – in Europa nicht zum Verschwinden des Alphabets, vielmehr schwand die Fähigkeit der Leser, dieses Alphabet zu deuten und zu verstehen. »Tatsächlich kehrte Europa eine Zeitlang zu Leseverhältnissen zurück, die etwa dem in vorgriechischer Zeit in den mesopotamischen Kulturen erreichten Stand entsprachen.«[13]

Eine zweite, der ersten keineswegs widersprechende Erklärung für den Verlust der Literalität besagt, daß die Versorgung mit Papyrus oder Pergament ins Stocken geriet; und wenn nicht dies, so ließ doch die Härte der Lebensverhältnisse nicht zu, viel Energie für ihre Herstellung aufzuwenden. Wir wissen, daß Papier im mittelalterlichen Europa nicht vor dem 13. Jahrhundert aufkam, und damals begannen die Europäer sogleich, es maschinell, also nicht auf die altehrwürdige Weise, mit Hand und Fuß, sondern mit wassergetriebenen Mühlen herzustellen.[14] Es ist gewiß kein Zufall, daß die Anfänge der großen mittelalterlichen Universitäten und die damit einhergehende Herausbildung der Literalität mit der Aufnahme der Papierproduktion zeitlich zusammenfallen. Insofern leuchtet es auch ein, daß die mehrere hundert Jahre währende Schreibmaterialknappheit der Befestigung und Entfaltung sozialer Literalität abträglich war.

Wir dürfen auch vermuten, daß die römische Kirche nicht unempfänglich war für die Vorteile der Fachliteralität als eines Mittels, um eine große, vielfältige Bevölkerung zu kontrollieren, genauer gesagt: ihre Ideen, ihre Organisation und ihre Loyalitäten. Es lag gewiß im Interesse der Kirche, wenn der Zugang zur Literalität beschränkt war und die Geistlichen eine »Schreiberklasse« bildeten, die allein Zutritt zu den theologischen und intellektuellen Geheimnissen hatte.

Aber unabhängig davon, welches die tatsächlichen Gründe waren, es kann kein Zweifel bestehen, daß die soziale Literalität für nahezu tausend Jahre verschwand; und nichts vermittelt einen anschaulicheren Eindruck davon, was dies bedeutet, als das Bild eines mittelalterlichen Lesers, der sich mühsam durch einen Text quält. Mit ganz wenigen Ausnahmen konnten mittelalterliche Leser, gleichgültig, wie alt sie waren, nicht so lesen wie wir heute. Hätte einer von ihnen zugesehen, wie ein moderner Leser eine Seite überfliegt – schweigend, mit rasch dahingleitendem Blick und unbewegten Lippen –, er hätte es wohl für Zauberei gehalten. Der typische Leser des Mittelalters verfuhr etwa so wie heutzutage ein störrischer Erstkläßler: Wort für Wort vor sich hin murmelnd, um es dann laut auszusprechen, den Finger auf die einzelnen Wörter legend und kaum erwartend, daß eines von ihnen irgendeinen Sinn ergibt.[15] Und hier spreche ich von Gelehrten! Die meisten Leute konnten überhaupt nicht lesen.

Das bedeutet, daß alle wichtigen sozialen Interaktionen mündlich, im direkten Kontakt von Person zu Person, stattfanden. Barbara Tuchman schreibt: »Der durchschnittliche Laie gewann seine Bildung nur mit den Ohren, durch öffentliche Predigten, Mysterienspiele und den Vortrag von belehrenden Balladen und Geschichten.«[16] So kehrte Europa in einen »Naturzustand« der Kommunikation zurück, der vom Sprechen beherrscht und von Gesängen untermalt wird. Während des allergrößten Teils ihrer Geschichte haben die Menschen ihre Angelegenheiten auf diese Art und Weise betrieben und Kultur hervorgebracht. Schließlich sind wir alle, biologisch gesehen, auf Mündlichkeit eingestellte Wesen. Unsere Gene sind für die gesprochene Sprache programmiert. Die Literalität dagegen ist das Ergebnis einer kulturellen Konditionierung.[17] Dem würde Jean-Jacques Rousseau, der vehemente Verteidiger des »edlen Wilden«, gewiß beipflichten, und er würde hinzufügen, daß die Menschen Bücher und Lesen verschmähen müssen, wenn sie in ihrer Lebensweise der Natur so nah wie möglich kommen wollen. Im *Emile* gibt er uns zu verstehen: »Lesen ist die Geißel der Kindheit, denn Bücher lehren uns, über Dinge zu sprechen, von denen wir nichts verstehen.«

Rousseau hat, wie ich glaube, recht, wenn wir ihn so verstehen, daß das Lesen der *permanenten* Kindheit ein Ende macht und daß es die Psychologie ebenso wie die Soziologie der Mündlichkeit untergräbt. Weil das Lesen Zutritt zu einer nicht überwachten, abstrakten Welt des Wissens verschafft, trennt es jene, die lesen können, von denen, die nicht lesen können. Das Lesen ist die »Geißel der Kindheit«, weil es in gewissem Sinne die Erwachsenheit hervorbringt. Literatur jeder Art – und dazu gehören auch Landkarten, Tabellen, Verträge und Urkunden – sammelt und bewahrt wertvolle Geheimnisse. In einer literalen Welt als Erwachsener zu leben bedeutet also, daß man Zugang zu kulturellen Geheimnissen hat, die in nicht-natürlichen Symbolen verschlüsselt sind. In einer literalen Welt müssen Kinder erst zu Erwachsenen *werden;* in einer nicht-literalen Welt dagegen ist es unnötig, zwischen Kindern und Erwachsenen genau zu unterscheiden, denn es gibt nur wenige Geheimnisse, und die Kultur braucht ihre Angehörigen nicht erst darin zu unterweisen, wie sie selbst zu begreifen ist.

Deshalb auch hatte, wie Barbara Tuchman bemerkt, das Verhalten aller Altersgruppen im Mittelalter etwas Kindisches an sich.[18] In einer mündlichen Welt gibt es vom Erwachsenen keine genau umrissene Vorstellung und noch viel weniger vom Kind. Deshalb findet man in allen Quellen, daß im Mittelalter die Kindheit mit sieben Jahren endete. Warum mit sieben? *Weil die Kinder in diesem Alter die Sprache beherrschen.* Sie sind fähig, zu sagen und zu verstehen, was die Erwachsenen sagen und verstehen. Sie sind in der Lage, alle Geheimnisse der Zunge kennenzulernen, und dies sind die einzigen Geheimnisse, die sie kennenzulernen brauchen. Daraus erklärt sich, warum die katholische Kirche das Alter von sieben Jahren als das Alter der Vernunft bezeichnete, in dem man vom Menschen erwarten durfte, daß er den Unterschied zwischen Gut und Böse kennt. Es erklärt auch, warum sich die Wörter zur Bezeichnung von Jungen bis ins 17. Jahrhundert hinein ebenso auf dreißig-, vierzig- oder fünfzigjährige Männer beziehen konnten, es gab nämlich kein Wort zur Bezeichnung von Jungen zwischen sieben und sechzehn Jahren, weder im Französischen noch im Deutschen, noch im Englischen. Das Wort »Kind« selbst drückte ein Verwandtschaftsverhältnis, keine Altersbestimmung aus.[19] Vor allem erklärt die Mündlichkeit des Mittelalters, warum es keine Grundschule gab. Denn wo die Biologie über die Kommunikationsfähigkeit entscheidet, bedarf es solcher Schulen nicht.

Natürlich waren Schulen im Mittelalter nicht unbekannt, manche waren mit der Kirche verbunden, andere waren privat. Aber daß man keinerlei Elementarunterricht kannte, in dessen Verlauf Lesen und Schreiben gelehrt und die Grundlagen für die weitere Ausbildung gelegt werden, beweist, daß es eine Vorstellung von literaler Erziehung nicht gab. Die mittelalterliche Form des Lernens entspricht der Mündlichkeit; das Lernen vollzieht sich hauptsächlich im Lehr- und Dienstverhältnis, gleicht also dem, was wir als »Lernen in der Praxis« bezeichnen könnten. Soweit es Schulen gab, waren sie charakterisiert durch »das Fehlen abgestufter Lehrprogramme, die Simultaneität des Unterrichts, die Vermischung der Altersstufen und die Schülerfreiheit«.[20] Für das mittelalterliche Kind begann der Schulbesuch vielleicht mit zehn Jahren, wahrscheinlich noch später. Der Schüler bezog eine eigene Unterkunft in der Stadt, fern seiner Familie. Wahrscheinlich traf er in seiner Klasse Erwachsene aller Altersstufen an, und zwischen diesen und sich selbst nahm er keinen Unterschied wahr. Sicherlich gab es keine feste Korrelation zwischen dem Alter der Schüler und dem, was sie lernten. Die verschiedenen Lektionen wurden ständig wiederholt, denn fortwährend kamen neue Schüler hinzu, die noch nicht gehört hatten, was der Magister bislang vorgetragen hatte. Selbstverständlich waren keine Schülerinnen anwesend, und sobald die Schüler aus der Zucht des Klassenzimmers entlassen waren, waren sie frei, draußen zu tun und zu lassen, was ihnen gefiel.

Mit Sicherheit kann man sagen, daß es in der mittelalterlichen Welt keine Vorstellung von kindlicher Entwicklung gab, keine Vorstellung von Bildungsvoraussetzungen oder einem Lernen in geordneten Schritten, keinen Begriff von Schulausbildung als Vorbereitung auf die Erwachsenenwelt. Zusammenfassend schreibt Ariès: »Diese mittelalterliche Zivilisation hatte die *paideia* der Alten vergessen und wußte noch nichts von der Erziehung der Modernen. Dies ist das wesentliche Faktum: *sie hatte keine Vorstellung von Erziehung.*«[21] (Zweite Hervorhebung von mir.)

Und, so muß man hinzufügen, ebensowenig eine Vorstellung von Schamgefühl, zumindest nicht von dem, was ein Moderner darunter versteht. Die Idee des Schamgefühls beruht, wie schon Quintilian wußte, zum Teil auf Geheimnissen. Einer der Hauptunterschiede zwischen dem Erwachsenen und dem Kind, so könnte man sagen, besteht darin, daß der Erwachsene bestimmte Seiten des Lebens – seine Geheimnisse, seine Widersprüche, seine Gewalttätigkeit, seine Tragik – kennt, von denen, wie man meint, das Kind nichts wissen soll und die ihm ohne weiteres zu offenbaren tatsächlich schamlos wäre. In der modernen Welt enthüllen wir den heranwachsenden Kindern diese Geheimnisse nach und nach, so daß sie sie, wie wir annehmen, psychisch verarbeiten können. Aber eine solche Idee kann es erst in einer Kultur geben, in der eine scharfe Trennung zwischen der Erwachsenen- und der Kinderwelt besteht und in der es Institutionen gibt, die diesen Unterschied zum Ausdruck bringen. Die mittelalterliche Welt machte eine solche Unterscheidung nicht und verfügte auch nicht über derartige Institutionen.

Eingebunden in mündliche Kommunikation, in der gleichen sozialen Sphäre wie die Erwachsenen lebend und nicht eingeengt durch isolierende Institutionen, hatte das Kind im Mittelalter Zugang zu fast allen kulturell gebräuchlichen Verhaltensformen. Der siebenjährige Knabe war in jeder Hinsicht ein Mann, ausgenommen seine sexuellen und seine kriegerischen Fähigkeiten.[22] »Sicherlich«, schreibt J. H. Plumb, »existierte die Kindheit nicht in einer gesonderten Welt. Kinder spielten die gleichen Spiele wie die Erwachsenen, hatten die gleichen Spielzeuge, hörten die gleichen Märchenerzählungen. Erwachsene und Kinder lebten zusammen, nicht getrennt voneinander. Bei den derben Dorffestlichkeiten auf Brueghels Gemälden essen und trinken Kinder gemeinsam mit den Erwachsenen – inmitten von berauschten Männern und Frauen, die einander in ungezügelter Gier zu umarmen versuchen.«[23]

Tatsächlich zeigen Brueghels Gemälde zweierlei: die Unfähigkeit und Weigerung dieser Kultur, irgend etwas vor Kindern zu verheimlichen – was das erste Element des Schamgefühls wäre; und zweitens das Fehlen dessen, was im 16. Jahrhundert unter dem Namen »civilité« bekannt wurde, das zweite Element des Schamgefühls. Manieren und Verhaltensvorschriften, die die jungen Menschen erst erlernen mußten, gab es kaum. Wie dürftig es um diese Art von Verhaltensregeln im Mittelalter bestellt war, läßt sich heute nur noch schwer begreifen. Noch im Jahre 1523 schildert uns Erasmus in seinen *Diversoria* das Gastzimmer in einer deutschen Herberge so: Vielleicht achtzig bis neunzig Leute sitzen beieinander; alle gesellschaftlichen Klassen und alle Altersgruppen sind vertreten. Der eine wäscht seine Kleider und hängt sie zum Trocknen auf den Ofen. Ein anderer reinigt seine Stiefel auf dem Tisch. Alle waschen sich in derselben Schüssel die Hände, aber das Wasser ist schmutzig. Knoblauchdüfte und andere Gerüche steigen auf. Jedermann spuckt, ohne darauf zu achten wohin. Alle schwitzen, denn der Raum ist überheizt. Einige wischen sich die Nase an ihren Kleidern ab und wenden sich dabei nicht ab. Wenn das Essen aufgetragen wird, taucht jeder sein Brot in die gemeinsame Schüssel, beißt ab und tunkt von neuem. Gabeln gibt es nicht. Jeder nimmt das Fleisch mit den Händen aus derselben Schüssel, trinkt Wein aus demselben Pokal und schlürft Suppe aus demselben Napf.[24]

Um zu begreifen, wie die Menschen so etwas aushielten, ja, daß sie es nicht einmal wahrnahmen, müssen wir uns, wie Elias

schreibt, klar machen, daß sie »in einer anderen Beziehung zu-
einander [standen], als wir; und zwar nicht nur in der Schicht ihres
klar und präzise begründeten Bewußtseins, sondern offenbar
hatte ihr emotionales Leben eine andere Struktur und einen anderen Charakter«.[25] Sie besaßen z. B. nicht die gleiche Vorstellung von Privatsphäre wie wir; gewisse Gerüche und Körperfunk-
tionen empfanden sie nicht als abstoßend; sie scheuten nicht davor zurück, mit den Mündern und Händen anderer in Berührung
zu kommen. Wenn man dies bedenkt, kann es nicht überraschen,
daß es für das Mittelalter keinerlei Hinweise auf eine Reinlich-
keitserziehung während der ersten Lebensmonate eines Säuglings
gibt.[26] Und man kann erwarten, daß man sich nicht scheute, in
Anwesenheit von Kindern über sexuelle Dinge zu sprechen, wie
es auch tatsächlich geschah. Die Vorstellung, sexuelle Triebäußerungen zu verbergen, war den Erwachsenen fremd, und der Gedanke, Kinder vor den sexuellen Geheimnissen zu beschützen,
war unbekannt. »Ihm [dem Kind] gegenüber erlaubte man sich
alles: rohe Redensarten, schmutzige Handlungen und Situatio-
nen; sie hatten bald alles gehört, alles gesehen.«[27] Es war im Mittelalter sogar einigermaßen üblich, daß sich Erwachsene mit den
Geschlechtsteilen von Kinder amüsierten; es war dies nichts weiter als ein derber Spaß. Ariès schreibt: »Diese Sitte, mit dem
Geschlechtsteil des Kindes zu spielen, gehörte zu einer weitver-
breiteten Tradition . . .«[28] Heute stehen auf diese Tradition bis zu
dreißig Jahre Gefängnis.
Fehlen der Literalität, Fehlen einer Idee von Erziehung, Abwesenheit von Schamgefühl – dies sind die Gründe dafür, daß es in
der Welt des Mittelalters keine Vorstellung von Kindheit gab.
Natürlich müssen wir hier auch die Härte der Lebensumstände
und vor allem die hohe Kindersterblichkeit berücksichtigen. Zum
Teil auch wegen der geringeren Überlebenschancen der Kinder
entwickelten die Erwachsenen nicht jene emotionale Beziehung
zu ihnen (und konnten es auch nicht), die wir für normal halten.
Der vorherrschenden Ansicht zufolge kam es darauf an, so viele
Kinder wie möglich zu bekommen, damit immerhin zwei oder
drei von ihnen am Leben blieben. Aus diesen Gründen konnten
sich die Menschen offenbar nicht darauf einlassen, eine allzu
starke Bindung an ihre Kinder aufzubauen. Ariès zitiert ein Dokument, in dem von einer verzweifelten Mutter von fünf Kindern

die Rede ist, die von ihrer Nachbarin mit den Worten beruhigt wird: »Ehe sie so weit sind, daß sie dir viel Sorgen machen können, wirst du die Hälfte oder vielleicht alle wieder verloren haben.«[29]

In Testamenten werden Kinder nicht vor dem späten 14. Jahrhundert erwähnt, ein Indiz dafür, daß die Erwachsenen nicht erwarteten, sie würden lange auf der Welt bleiben.[30] Wahrscheinlich auch deshalb wurden Kinder in manchen Teilen Europas als geschlechtslose Wesen behandelt. In Italien z. B. wurde im 14. Jahrhundert das Geschlecht eines gestorbenen Kindes nie festgehalten.[31] Es wäre aber, glaube ich, falsch, der hohen Kindersterblichkeit allzu großes Gewicht beizumessen, wenn man erklären will, warum es damals keine *Idee* von Kindheit gab. Von den Menschen, die zwischen 1730 und 1779 in London starben, war die Hälfte weniger als fünf Jahre alt, und dennoch hatte England damals schon die Idee der Kindheit entwickelt.[32] Und zwar deshalb, weil, wie ich im nächsten Kapitel zu zeigen versuche, im Laufe des 16. Jahrhunderts eine neue kommunikative Umwelt Gestalt angenommen hatte – als Folge der Erfindung des Buchdrucks und der erneuten Ausbreitung einer sozialen Literalität. Die Druckerpresse brachte eine neue Definition von Erwachsenheit hervor, *die auf dem Lesenkönnen gründete,* und entsprechend eine neue Auffassung von Kindheit, *die auf dem Nichtlesenkönnen beruhte.* Bevor diese neue Umwelt entstand, endete die Kindheit mit sieben Jahren, und es schloß sich sogleich das Erwachsenenalter an. Deshalb auch gab es vor dem 16. Jahrhundert keine Bücher über die Kindererziehung und nur sehr wenige über die Frau in ihrer Rolle als Mutter.[33] Deshalb nahmen die Jugendlichen an den meisten Zeremonien, auch an Beerdigungsprozessionen teil, bestand doch kein Grund, sie vor dem Tode in Schutz zu nehmen. Deshalb auch gab es keine Kinderliteratur. »In der Literatur war die Hauptrolle der Kinder, zu sterben, meist zu ertrinken, zu ersticken oder . . . ausgesetzt zu werden.«[34] Deshalb gab es keine Bücher über Kinderheilkunde. Deshalb sind die Kinder auf Gemälden regelmäßig als kleine Erwachsene dargestellt, denn sobald sie den Wickeltüchern entwachsen waren, kleideten sie sich genauso wie die Männer und Frauen ihrer sozialen Klasse. Die Sprache der Erwachsenen und der Kinder war die gleiche. Hinweise auf eine besondere Kindersprache tauchen nicht vor dem 17. Jahrhundert auf, dann allerdings sehr häufig.[35] Und deshalb auch ging die Mehrzahl der Kinder nicht zur Schule, denn es gab nichts Wichtiges, was sie dort hätten lernen können; die meisten wurden von zu Hause fortgeschickt, um bei einem Herrn Dienst zu tun oder um als Lehrling zu arbeiten.

Kurzum, in der Welt des Mittelalters ist die Kindheit unsichtbar. Barbara Tuchman schreibt: »Von allen Eigenheiten, in denen sich das Mittelalter von der heutigen Zeit unterscheidet, ist keine so auffallend wie das fehlende Interesse an Kindern.«[36]

Und dann, ohne daß irgend jemand etwas geahnt hätte, brachte ein Goldschmied aus Mainz mit Hilfe einer alten Weinpresse die Kindheit in die Welt.

Kapitel 2

Die Druckerpresse und der neue Erwachsene

Es liegt auf der Hand, daß sich in der Erwachsenenwelt ein Wandel vollziehen muß, damit sich eine Idee wie die der Kindheit herausbilden kann. Und dieser Wandel muß nicht nur von großer Tragweite sein, er muß auch eine ganz bestimmte Beschaffenheit aufweisen. Genauer gesagt, er muß eine neue Definition von Erwachsenheit hervorbringen. Während des Mittelalters kam es zu einer Reihe sozialer Veränderungen, einige wichtige Erfindungen wurden gemacht, beispielsweise die der mechanischen Uhr, und es gab einige folgenreiche Ereignisse, darunter die Pestepidemien. Aber es geschah nichts, was die Erwachsenen genötigt hätte, ihre Vorstellung von Erwachsenheit zu verändern. Um die Mitte des 15. Jahrhunderts indessen kam es zu einem solchen Ereignis: der Buchdruck mit beweglichen Lettern wurde erfunden. In diesem Kapitel soll gezeigt werden, wie die Druckerpresse eine neue Symbolwelt schuf, die ihrerseits eine neue Vorstellung von Erwachsenheit erforderlich machte. Aus dieser neuen Erwachsenheit waren Kinder per definitionem ausgeschlossen. Indem nun die Kinder aus der Erwachsenenwelt vertrieben wurden, mußte eine andere Welt entworfen werden, die sie bewohnen konnten. Diese andere Welt nannte man Kindheit.

Wenigstens sieben verschiedene Städte behaupten von sich, in ihnen sei die Druckerpresse erfunden worden, und jede von ihnen nennt einen anderen Erfinder. Der Streit liefert als solcher schon ein Beispiel für eine der erstaunlichsten Wirkungen der Druckerpresse: sie steigerte das Streben nach Ruhm und individueller

Leistung ganz erheblich. »Es ist kein Zufall«, schreibt Elizabeth Eisenstein in *The Printing Press As an Agent of Change,* »daß der Buchdruck die erste ›Erfindung‹ ist, die einen Prioritätsstreit mit rivalisierenden Ansprüchen mehrerer Nationen auslöste.«[1] Warum kein Zufall? Weil die Möglichkeit, den eigenen Worten und dem eigenen Werk für immer feste Gestalt zu verleihen, eine neue, alles durchdringende Vorstellung von Individualität erzeugte. Die Druckerpresse ist nichts Geringeres als eine Zeitmaschine, ebenso leistungsfähig und merkwürdig wie irgendeine der Apparaturen in den Büchern von H. G. Wells. So wie die mechanische Uhr, die ebenfalls eine machtvolle Zeitmaschine war, fängt auch die Druckerpresse die Zeit ein, bändigt und verwandelt sie – und verändert auf diese Weise das Bewußtsein der Menschheit von sich selbst. Doch während die Uhr, wie Lewis Mumford behauptet, die Ewigkeit als Maßstab und Zielpunkt menschlichen Handelns abschaffte, verhalf ihr die Druckerpresse zu neuem Leben. Der Buchdruck verknüpft die Gegenwart mit dem »Immer«. Er trägt die Identität eines Menschen in unbekannte Gefilde. Mit der Druckerpresse kann sich die Stimme eines Individuums, nicht die einer gesellschaftlichen Gruppe, an das »Immer« wenden.

Niemand weiß, wer den Steigbügel, den Langbogen, den Kleiderknopf oder die Brille erfunden hat, denn im Mittelalter war die Frage nach der individuellen Leistung nahezu bedeutungslos. In der Zeit vor der Druckerpresse existierte nicht einmal eine Vorstellung von dem, was wir heute unter einem Schriftsteller verstehen. Die damals herrschende Vorstellung beschreibt sehr genau der hl. Bonaventura, der berichtet, daß es im 13. Jahrhundert vier Arten des Büchermachens gab:

> »Jemand kann die Werke anderer schreiben und dabei nichts hinzufügen und nichts verändern, in diesem Fall nennt man ihn einfach ›Abschreiber‹. . . . Ein zweiter schreibt das Werk eines anderen und fügt Zusätze an, die nicht von ihm stammen; ihn nennt man einen ›Kompilator‹. . . . Wieder ein anderer schreibt sowohl das Werk eines anderen wie auch sein eigenes, aber das Werk des anderen hat Vorrang, und seine Zusätze dienen der Erklärung; ihn nennt man einen ›Kommentator‹. . . . Wieder ein anderer schreibt sowohl sein eigenes Werk wie auch das anderer, aber sein Werk hat Vorrang, während er die anderen nur zur Bestätigung anführt; einen solchen Mann sollte man ›Autor‹ nennen.«[2]

Nicht nur, daß der hl. Bonaventura hier nicht von einem originellen Werk im modernen Sinne spricht, er macht auch deutlich, daß er mit Schreiben vor allem den Akt des Niederschreibens der Wörter meint, weshalb denn auch in einer Manuskript-Kultur kein Platz war für den Begriff individueller, persönlicher Autorschaft. Jeder, der schrieb, machte nicht nur Fehler beim Abschreiben, es stand ihm auch frei, den Text zu ergänzen, zu kürzen, zu klären, zu aktualisieren oder in anderer Weise zu überarbeiten, ganz so, wie er es für notwendig hielt. Selbst ein so hoch in Ehren gehaltenes Dokument wie die *Magna Charta,* die jährlich zweimal in jeder englischen Grafschaft vorgelesen wurde, war 1237 Anlaß zu einer Kontroverse darüber, welche der verschiedenen Fassungen die echte sei.[3]

Nach der Erfindung des Buchdrucks gewann die Frage, wer was geschrieben hatte, ebenso wie die Frage, wer was getan hatte, an Bedeutung. Die Nachwelt wurde zu einer lebendigen Vorstellung, und welche Namen zu Recht in ihr fortleben konnten, war eine Entscheidung, um die zu kämpfen sich lohnte. Wie man dem letzten Satz von Kapitel 1 entnehmen kann, folge ich der herkömmlichen Auffassung, die Johann Gensfleisch Gutenberg als den Erfinder des Buchdrucks mit beweglichen Lettern nennt, obwohl das früheste datierte Beispiel für diese Drucktechnik, der Mainzer Psalter, von zwei Partnern Gutenbergs, Johann Fust und Peter Schöffer, stammt. Aber wem auch immer das Verdienst des Ersten gebührt – Gutenberg, Laurens Coster, Nicolas Jenson, Fust, Schöffer oder noch anderen[4] –, eines ist klar: als Gutenberg verkündete, er habe ein Buch hergestellt »ohne die Hilfe von Rohr, Stylus oder Feder, sondern nur durch wunderbaren Einklang, Proportion und Harmonie von Stempeln und Typen«[5], da ahnte er nicht, daß er und die übrigen Drucker eine unwiderstehliche revolutionäre Kraft entbanden; daß ihre Höllenmaschinen sozusagen ein Menetekel an die Wand zauberten, welches das Ende des Mittelalters verkündete. Viele Historiker haben auf diese Tatsache hingewiesen. Besonders prägnant äußert sich dazu Myron Gilmore in *The World of Humanism:* »Die Erfindung des Buchdrucks mit beweglichen Lettern brachte die radikalste Umwandlung des geistigen Lebens in der Geschichte des Abendlandes mit sich. . . . Ihre Auswirkungen wurden früher oder später in jedem Bereich menschlicher Tätigkeit spürbar.«[6]

Wenn wir verstehen wollen, was diese Auswirkungen für die Erfindung und Entfaltung der Kindheit bedeuteten, so können wir den Lehren von Harold Innis einen ersten Anhaltspunkt entnehmen. Innis hat betont, daß Veränderungen innerhalb der Kommunikationstechnik stets drei verschiedene Wirkungen haben: sie verändern die Struktur der Interessen (die Dinge, über die nachgedacht wird), den Charakter der Symbole (die Dinge, mit denen gedacht wird) und das Wesen der Gemeinschaft (die Sphäre, in der sich Gedanken entwickeln).[7] Um es so einfach wie möglich auszudrücken: jede Maschine ist eine Idee oder eine Anhäufung von Ideen. Aber es sind dies nicht jene Ideen, die den Erfinder dazu gebracht haben, die Maschine überhaupt zu ersinnen. Wir können z. B. nicht wissen, was Gutenberg auf den Gedanken brachte, eine Weinpresse in die Herstellung von Büchern einzubeziehen, aber mit Sicherheit dürfen wir annehmen, daß dahinter nicht die Absicht stand, den Individualismus zu bestärken oder gar die Autorität der katholischen Kirche zu untergraben. In gewissem Sinne sind alle Erfinder, um ein Wort Arthur Koestlers zu gebrauchen, Schlafwandler. Vielleicht sollten wir sie sogar als Frankensteins bezeichnen und den gesamten Vorgang als Frankenstein-Syndrom. Jemand erbaut eine Maschine für einen bestimmten, begrenzten Zweck; aber sobald die Maschine dann existiert, entdecken wir – manchmal mit Schrecken, meist mit Unbehagen, immer mit Erstaunen –, daß sie eigene Ideen mitbringt; daß sie durchaus in der Lage ist, nicht nur unsere Gewohnheiten zu verändern, sondern auch, wie Innis zu zeigen versuchte, unsere Denkweise.

Eine Maschine kann uns eine neue Zeitvorstellung vermitteln, wie es die mechanische Uhr getan hat. Sie kann uns eine neue Vorstellung vom Raum und von den Größenverhältnissen vermitteln, wie das Teleskop, oder eine neue Vorstellung von Wissen, wie das Alphabet. Oder von den Möglichkeiten zur Verbesserung der menschlichen Physiologie, wie die Brille. Um es mit James Careys kühner Formulierung zu sagen: Vielleicht stellen wir dann fest, daß sich die Struktur unseres Bewußtseins umgeformt hat, um der veränderten Kommunikationsstruktur zu genügen[8]; daß wir zu dem geworden sind, was wir geschaffen haben.

Die Auswirkungen der Technik sind stets unvorhersehbar. Aber sie sind nicht immer unvermeidlich. Häufig schon sind »Frankenstein-Monster« geschaffen worden, haben sich, nachdem sie erwacht waren, kurz umgesehen und erkannt, daß sie zur unrechten Zeit am unrechten Platz waren, und sind dann wieder eingeschlafen. Im frühen 8. Jahrhundert verfügten die Angelsachsen über den Steigbügel, nicht jedoch über das Genie, die ihm innewohnenden Möglichkeiten zu erkennen. Die Franken besaßen sowohl den Steigbügel als auch das Genie Karl Martells und konnten so mit Hilfe des Steigbügels eine neue Kampfform entwickeln und darüber hinaus ein neues gesellschaftliches und ökonomisches System, nämlich den Feudalismus.[9] Vielleicht besaßen Chinesen und Koreaner (die schon vor Gutenberg bewegliche Metallschriftzeichen erfunden hatten) ein Genie, das die Möglichkeiten des Buchdrucks erkannte – was sie indessen mit Sicherheit nicht besaßen, waren Lettern, d. h. ein alphabetisches Schriftsystem. Deshalb sank ihr »Monster« in den Schlaf zurück. Warum die Azteken, die das Rad erfanden, seine Anwendungsmöglichkeiten für erschöpft hielten, nachdem sie es für Kinderspielzeuge genutzt hatten, ist immer noch ein Rätsel; aber auch dies ist ein Beispiel dafür, daß eine vorhandene Technik eine Kultur nicht unbedingt mit neuen Ideen erfüllen muß.

Lynn White jr. nimmt noch ein anderes Bild zu Hilfe, wenn er erklärt: »In dem Maße, wie unser Verständnis für die Geschichte der technischen Entwicklung wächst, wird es uns immer klarer, daß ein neuer Einfall nur eine Tür öffnet; er zwingt niemanden zum Eintreten. Die Annahme oder Ablehnung einer Erfindung – oder der Umfang, in dem die in ihr schlummernden Möglichkeiten geweckt werden – hängt ebensosehr vom Entwicklungsstand einer Gesellschaft und der Voraussicht ihrer Führer ab wie von der Natur des Erfindungsgegenstandes selbst.«[10]

Im Falle von Gutenbergs Druckerpresse wissen wir, daß die europäische Kultur zu ihrer Aufnahme bereit war. Europa besaß nicht nur eine seit zweitausend Jahren bewährte Alphabetschrift, sondern auch eine reichhaltige Handschriftenüberlieferung, d. h. es gab wichtige Texte, die darauf warteten, gedruckt zu werden. Die Europäer wußten, wie man Papier herstellt, und produzierten es seit rund zweihundert Jahren. Zwar konnten weite Schichten der Bevölkerung weder lesen noch schreiben, aber es gab Abschreiber, die anderen diese Fertigkeiten beibringen konnten. Das Aufleben der Wissenschaft im 13. Jahrhundert und die Wiederentdeckung der antiken Weisheit hatten den Appetit auf Bücher angeregt. Und die Zunahme des Handels und das beginnende Zeitalter der Entdeckungen erzeugten ein Bedürfnis nach Neuigkeiten, authentischen Verträgen, Urkunden und verläßlichen, standardisierten Karten.

Wir können also sagen, daß die intellektuelle Situation Europas um die Mitte des 15. Jahrhunderts die Druckerpresse notwendig machte, und hieraus erklärt sich zweifellos, daß so viele Männer an verschiedenen Orten gleichzeitig an diesem Problem arbeiteten. Das von Lynn White verwendete Bild aufgreifend, könnte man sagen, daß die Druckerpresse eine Tür öffnete, an die die europäische Kultur schon ungeduldig gepocht hatte. Und als sie sich schließlich öffnete, trat die gesamte Kultur mit einem einzigen raschen Schritt über die Schwelle.

Es bedurfte keiner Genies, um die dem Buchdruck innewohnenden Möglichkeiten zu erkennen. Innerhalb von fünfzig Jahren nach seiner Erfindung waren mehr als 8 Millionen Bücher gedruckt. Um 1480 gab es in 110 Städten, verteilt über sechs verschiedene Länder, Buchdruckerwerkstätten, 50 von ihnen allein in Italien. Um 1482 war Venedig die Welthauptstadt des Buchdrucks, und der Venezianer Aldus Manutius war vermutlich der am meisten beschäftigte Drucker der Christenheit. Das Schild draußen vor seinem Laden zeugte ebenso von einem Sinn für Wortspiele wie von seiner geschäftlichen Situation: »Wenn du mit Aldus sprechen willst, beeile dich – die Zeit drückt/druckt.« Die Hälfte von Aldus' Mitarbeitern waren griechische Auswanderer oder Flüchtlinge, so daß bis zu seinem Tode im Jahre 1515 jeder bekannte griechische Autor übersetzt und gedruckt war.[11]

Um die Zeit, als Aldus starb, ebnete die Druckerpresse auch den Weg für den ersten Journalisten, den ersten literarischen Erpresser und den ersten Massenhersteller von Pornographie – dies alles vereint in der Person des Pietro Aretino.[12] Von niedriger Herkunft und ohne Ausbildung aufgewachsen, hatte Aretino intuitiv begriffen, daß die Druckerpresse ein Instrument öffentlicher Wirksamkeit war – d. h. er erfand die Zeitung, und mit einem gewissen Recht können wir sogar die Entstehung der Bekenntnisliteratur auf ihn zurückführen. Von einigen Ausnahmen abgesehen, etwa den Confessiones des hl. Augustinus, gab es keine literarische Tradition der persönlichen Offenbarung, keine eingeführte »Stimme« oder Sprache, mit der sich private Anschauungen öffentlich zum Ausdruck bringen ließen. Und gewiß gab es keine rhetorischen Formen, um eine große Zahl von Menschen anzusprechen, die nur in der Phantasie vorhanden waren.[13] Ohne sich von irgend jemandem Anleitung zu holen (die ihm auch niemand hätte geben können), ging Aretino unverzüglich daran, eine Flut antiklerikaler Obszönitäten, verleumderischer Geschichten und Artikel, in denen er bestimmte Personen öffentlich angriff oder seine Ansichten kundtat, zu drucken, lauter Ausdrucksformen, die Bestandteil unserer journalistischen Tradition geworden sind und heute noch in Blüte stehen. Seine Erfindung des Sensationsjournalismus und eines Stils, in dem er sich ausdrücken ließ, machten ihn reich und zugleich berühmt. Zu seiner Zeit nannte man ihn die »Geißel der Fürsten«, ein Citizen Kane der Renaissance.

Wenn das Werk Aretinos die trübe Seite einer neuen literarischen Tradition darstellt, die in vertraulichem Ton ein massenhaftes, aber unsichtbares Publikum anspricht, dann steht das Werk Montaignes für deren helle Seite. Im Jahre 1533 geboren, als Aretino schon 41 Jahre alt war, erfand Montaigne einen Stil, eine Anredeform, eine Rolle, in denen sich ein unverwechselbarer Einzelner selbstsicher und direkt an seine unsichtbaren Zeitgenossen und ebenso an die Nachwelt wenden konnte. Montaigne erfand den Essay, der für den Individualismus eine ähnliche Bedeutung hat wie die Ballade für das kollektive Bewußtsein – private Geschichte im Unterschied zu öffentlicher Geschichte. Bei all ihrer Bescheidenheit, ihrem Humor und ihrer hohen Intelligenz feiern Montaignes Schriften nicht die Gemeinschaft, sondern nur ihn selbst – seine Einzigartigkeit, seine Marotten und seine Vorurteile. Als Norman Mailer vierhundert Jahre später die *Reklame für mich selbst* schrieb, da setzte er nur eine Tradition fort (und verlieh ihr einen passenden Namen), die auf Montaigne zurückgeht – der Schreiber als Propagandist seiner selbst, als jemand, der sich offenbart, der Schriftsteller als Individuum, das im Gegensatz zur Gemeinschaft steht. Marshall McLuhan formuliert auf seine typische Art: »Mit der Druckkunst wurde zugleich die Entdeckung gemacht, daß die Nationalsprache als eine Art Lautsprecheranlage verwendet werden kann.«[14] Dabei dachte er nicht nur an Aretino und Montaigne, sondern vor allem an Rabelais, der sich in seiner Selbstinszenierung und Selbststilisierung von niemandem übertreffen ließ. So prahlte Rabelais, von seinem *Gargantua* seien in zwei Monaten mehr Exemplare verkauft worden als von der Bibel in zehn Jahren.[15] Diese Bemerkung trug ihm den Vorwurf der Gottlosigkeit und Gotteslästerung ein, eine Beschuldigung, die man in neuerer Zeit ebenfalls erhoben hat, als John Lennon behauptete, die Beatles seien einflußreicher als Jesus Christus. Worauf es hier ankommt, ist die Tatsache, daß die handschriftliche oder Manuskript-Kultur der Vorstellung von geistigen Eigentumsrechten und damit von geistiger Individualität entgegenarbeitete. So schreibt Elizabeth Eisenstein: »Die Bedingungen einer handschriftlichen Kultur . . . hielten den Narzißmus in Schach.«[16] Der Buchdruck setzte ihn in den Stand, sich freizumachen.

Zur gleichen Zeit, als die Druckerpresse bei den Schriftstellern ein gesteigertes, ungehemmtes Selbstbewußtsein freisetzte, erzeugte sie eine ähnliche Haltung auch bei den Lesern. Denn vor der Erfindung des Buchdrucks spielte sich alle menschliche Kommunikation in einem festen sozialen Kontext ab. Noch da, wo gelesen wurde, folgte man dem Modell der Mündlichkeit, d. h. der Leser sprach die Worte laut aus, und andere hörten ihm zu.[17] Mit dem gedruckten Buch jedoch setzte eine andere Tradition ein: es erschien der isolierte Leser mit seinem privaten Blick. Die Mündlichkeit verstummte, der Leser und seine Reaktion auf das Gelesene sonderten sich aus dem sozialen Kontext ab. Der Leser zog sich in seinen eigenen Kopf zurück, und vom 16. Jahrhundert bis heute haben die Leser in der Regel von den Menschen in ihrer Umgebung vor allem Abwesenheit verlangt oder wenigstens Stille. Beim Lesen verschwören sich Autor und Leser gegen Dasein und Bewußtsein der Gesellschaft. Kurzum, Lesen ist ein antisozialer Akt.

So erzeugt der Buchdruck an beiden Enden des Prozesses – in der Produktion wie im Verbrauch – eine Umwelt, in der die Ansprüche der Individualität unwiderstehlich werden. Damit will ich nicht sagen, daß die Druckerpresse den Individualismus erzeugt hat, wohl aber, daß der Individualismus jetzt zu einer regulären, akzeptierten psychischen und psychologischen Struktur wurde. Leo Löwenthal schreibt: »Man könnte fast sagen, daß seit der Renaissance die vorherrschende Philosophie über die menschliche Natur auf die Auffassung gegründet war, daß jedes Individuum ein ›Sonderfall‹ ist, dessen Existenz vor allem in seinen Anstrengungen besteht, seine Persönlichkeit gegen die restriktiven und nivellierenden Forderungen der Gesellschaft zu behaupten.«[18]

Wenn wir dem Hinweis von Innis folgen, d. h. seiner Erkenntnis, daß eine neue Kommunikationstechnik die Struktur unserer Interessen verändert, dann können wir sagen, daß die Druckerpresse unser Selbst – unsere Persönlichkeit als unverwechselbares Individuum – für uns zu einem Gegenstand des Nachdenkens und Sprechens gemacht hat. Und dieses verstärkte Selbstgefühl war der Keim, aus dem schließlich die Kindheit aufblühte. Freilich entstand die Kindheit nicht über Nacht. Es dauerte fast zweihundert Jahre, bis sie zu einem scheinbar unumstößlichen Bestandteil der abendländischen Zivilisation geworden war. Aber dazu wäre es nicht gekommen ohne eine Vorstellung davon, daß jedes Individuum aus sich heraus einen Wert besitzt, daß Geist und Leben eines Menschen die Gemeinschaft in einem sehr grundsätzlichen Sinne transzendieren. Denn als die Idee der persönlichen Identität Gestalt annahm, konnte es nicht ausbleiben, daß sie auch für die Kinder Geltung erlangte, dergestalt, daß im 18. Jahrhundert die Bereitschaft, den Tod von Kindern als unvermeidlich, schicksalhaft hinzunehmen (Ariès nennt es die Vorstellung von einem »notwendigen Schwund«), kaum noch bestand. Schon im ausgehenden 16. Jahrhundert wurde der Tod eines Kindes zuweilen auf den Grabsteinen der Eltern festgehalten – eine makabre Praxis vielleicht, aber doch ein Hinweis auf das wachsende Gespür dafür, daß das Leben jedes Menschen zählt.

Indes, der Individualismus allein hätte die Institution der Kindheit nicht hervorbringen können, sie bedurfte vielmehr einer Grundlage, die zwingend gebot, die Menschen in unterschiedliche Kategorien einzuteilen. Und noch etwas anderes mußte hinzukommen, das ich, mangels eines besseren Ausdrucks, als »Wissenskluft« bezeichne. Innerhalb von fünfzig Jahren nach der Erfindung des Buchdrucks wurde offensichtlich, daß sich die Kommunikationsumwelt der europäischen Zivilisation auflöste und in veränderter Gestalt neu herausbildete, es tat sich eine Kluft auf zwischen denen, die lesen konnten, und denen, die nicht lesen konnten – diese waren auf ein mittelalterliches Wahrnehmungs-

und Interessenniveau beschränkt, während jene in eine Sphäre neuer Tatsachen und Erkenntnisse Eingang fanden. Mit dem Buchdruck vermehrten sich neue Gesprächsgegenstände sehr rasch; aber sie kursierten alle in Büchern oder erschienen zumindest in gedruckter Form. Lewis Mumford beschreibt diese Situation so: »Mehr als jedes andere Mittel hat das gedruckte Buch die Menschen von der Vorherrschaft des Unmittelbaren und Lokalen befreit . . . das Gedruckte hinterließ eine stärkere Wirkung als das Ereignis selbst . . . Existieren bedeutete im Druck existieren: die übrige Welt trat demgegenüber immer mehr in den Hintergrund. *Gelehrsamkeit wurde zur Büchergelehrtheit.*«[19] (Hervorhebung von mir.)

Welcher Art war das Wissen in den Büchern? Was konnte man aus ihnen lernen und erfahren? Da waren zunächst die Anleitungen für die Praxis: Bücher über Hüttenwesen, Botanik, Sprachwissenschaft, gutes Benehmen und schließlich auch Kinderheilkunde. Das 1544 erschienene *Boke of Chyldren* von Thomas Phaire gilt allgemein als das erste von einem Engländer verfaßte Werk über Kinderheilkunde. (Ein anderes hatte 1498 schon der Italiener Paolo Bagellardo veröffentlicht.) In seinem Buch empfiehlt Phaire den Gebrauch von Beißringen und liefert eine umfassende Liste »schmerzlicher und perikulöser« Kinderkrankheiten, darunter »Hirnabszeß« (wahrscheinlich Hirnhautentzündung), Angstträume, Jucken, blutunterlaufene Augen, Kolik und Magenknurren.[20] Das Erscheinen von Büchern über Kinderheilkunde und gutes Benehmen ist ein deutlicher Hinweis darauf, daß die Vorstellung von Kindheit schon weniger als hundert Jahre nach der Erfindung des Buchdrucks Gestalt anzunehmen begann. Wichtig ist aber vor allem, daß die Druckerpresse eine Entwicklung auslöste, die wir heute als »Wissensexplosion« bezeichnen würden. Um seinen Aufgaben als Erwachsener gerecht zu werden, mußte man über das Gewohnte und Überlieferte hinaus in Welten vorstoßen, von denen man bisher nichts gewußt und nichts geahnt hatte. Denn da gab es ja nicht nur das allgemeine Wissen, wie man es in den praktischen Anleitungen, in verschiedenen Ratgebern und Handbüchern fand – auch die Sphäre des Handels wurde zusehends von bedrucktem Papier bestimmt: von Verträgen, Urkunden, Schuldscheinen und Karten. (Es überrascht nicht, daß die Kartographen in einer Umwelt, in der das

Wissen zur Standardisierung und Reproduzierbarkeit tendierte, dazu übergingen, das »Paradies« wegen dessen allzu ungewisser Lokalisierung aus ihren Karten auszuschließen.[21])

Tatsächlich wurde so viel und so vielfältiges neues Wissen hervorgebracht, daß das Manuskript des Abschreibers als Buchmodell für die Buchhersteller nicht mehr taugte. Um die Mitte des 16. Jahrhunderts begannen die Drucker, mit neuen Formaten zu experimentieren, und eine der wichtigsten Neuerungen war die Verwendung von arabischen Zahlen, um die Seiten zu numerieren. Das erste bekannte Beispiel einer solchen Paginierung ist Johann Frobens 1516 gedruckte erste Ausgabe von Erasmus' *Neuem Testament*. Eine natürliche Folge der Paginierung waren genauere Register, Anmerkungen und Verweise, die ihrerseits Neuerungen bei den Satzzeichen mit sich brachten und dazu führten, daß die Bücher mehr und mehr mit Zwischenüberschriften versehen, in Abschnitte gegliedert und mit Titelseiten und lebenden Kolumnentiteln ausgestattet wurden. Gegen Ende des 16. Jahrhunderts hatte das maschinell gefertigte Buch bereits eine typographische Gestalt und ein Aussehen – und natürlich auch Funktionen –, die dem Buch von heute vergleichbar sind. Doch schon früher hatten sich die Drucker Gedanken über die Ästhetik und die Leistungsfähigkeit verschiedener Buchformate gemacht. Bitter beklagte sich der Drucker von Machiavellis *Erster Dezennale* über einen Raubdruck dieses überaus erfolgreichen Werkes. Er beschrieb die gefälschte Ausgabe als »ein kärgliches Ding . . . ganz schlecht geheftet, ohne Rand, auf winzigen Seiten, kein weißes Blatt, weder vorn noch hinten, mit schiefen Buchstaben und Druckfehlern überall«.[22]

Man sollte hier die von Harold Innis aufgestellte These beachten, daß uns neue Kommunikationstechniken nicht nur neue Dinge liefern, über die nachgedacht wird, sondern auch neue Dinge, *mit* denen gedacht wird. Die Form des gedruckten Buches erzeugte eine neue Methode, Inhalte zu organisieren, und förderte damit eine neue Methode zur Organisierung des Denkens. Die strenge Linearität des gedruckten Buches – der sequentielle Charakter seiner Satz-für-Satz-Darstellung, seine Einteilung in Abschnitte, seine alphabetisch geordneten Register, seine vereinheitlichte Orthographie und Grammatik – begründete Denkgewohnheiten und eine Bewußtseinsstruktur, die der Struktur der Typographie eng verwandt waren und die James Joyce ironisch als *»ABCED-mindedness«* (ABC-Gesinnung + »absent-mindedness«/Geistesabwesenheit) bezeichnet hat. Auf diese Auswirkung des Buchdrucks haben sowohl Harold Innis als auch Marshall McLuhan immer wieder hingewiesen; aber auch eine so behutsame Historikerin wie Elizabeth Eisenstein vertritt die Meinung, daß das neue Buchformat und die spezifische Art, in der es Wissen kodifiziert, »dazu beigetragen haben, das Denken *aller* Leser, gleichgültig, welchem Beruf sie nachgingen, neu zu ordnen«.[23]

Es kann kaum Zweifel daran geben, daß die Strukturierung des Buches in Kapitel und Abschnitte sich zu einem allgemein akzeptierten Verfahren entwickelte, eine bestimmte Materie zu gliedern: aus der Form, in der das Buch sein Material präsentierte, wurde die logische Struktur des Faches selbst. Eisenstein gibt hierfür ein interessantes Beispiel aus der Rechtswissenschaft. Der mittelalterliche Lehrer des *Corpus Juris* vermochte weder seinen Schülern noch sich selbst vor Augen zu führen, in welcher Beziehung die einzelnen Bestandteile des Rechts zur Logik des Ganzen standen, weil nur sehr wenige Lehrer das *Corpus Juris* je als ein Ganzes zu Gesicht bekommen hatten. Im Jahre 1533 jedoch begann eine am gedruckten Buch orientierte Generation von Rechtsgelehrten, das gesamte Manuskript neu herauszugeben und dabei die einzelnen Teile neu zu organisieren, es in Abschnitte einzuteilen und die Zitate nachzuweisen. Auf diese Weise machten sie die alte Kompilation als ganze zugänglich, sie sorgten für stilistische Klarheit und innere Schlüssigkeit, was nichts anderes bedeutet, als daß sie ihren Gegenstand neu konzipierten.[24] Elizabeth Eisenstein bemerkt: »Die bloße Vorbereitung anhand von unterschiedlich gegliederten Lehrbüchern für den Unterricht in den verschiedenen Disziplinen begünstigte die Überprüfung der hergebrachten Prozeduren und eine Erneuerung des methodischen Vorgehens innerhalb der verschiedenen Gebiete.«[25] Mit anderen Worten, der Umstand, daß verschiedene Texte zum selben Gegenstand verfügbar waren, machte es erforderlich, diese Texte in ihrem Aufbau und der Abfolge der einzelnen Abschnitte einander anzugleichen; und indem sie festlegten, was zuerst kam und was zuletzt, schufen die Lehrbuchautoren ihre jeweiligen Fächer neu.

Gleichzeitig legten die Herausgeber von Büchern im 16. Jahrhundert stärkeres Gewicht auf Klarheit und Logik der Anordnung. »Die . . . Doktrin, daß sich jeder Gegenstand topisch behandeln läßt«, schreibt Gerald Strauss, »daß die beste Art der Exposition jene ist, die analytisch vorgeht, wurde von Verlegern und Herausgebern begeistert übernommen.«[26] Was sie sich damit zu eigen machten, war ein Wertmaßstab für die beste Art und Weise, die eigenen Gedanken zu ordnen, eine Wertvorstellung, die aus der Struktur des Buches und der Typographie selbst erwuchs, aber beileibe nicht die einzige, die sich auf diese Weise ergab. In dem Maße, wie die Kalligraphie und damit die idiosynkratische Handschriftlichkeit schwanden, gewann die unpersönliche, reproduzierbare Druckschrift an Autorität. Noch heute besteht – ungeachtet der Individualität der Autoren – die Neigung, dem, was im Druck erscheint, besonderen Glauben zu schenken. Vor allem dort, wo der Hinweis auf einen einzelnen, unverwechselbaren Verfasser fehlt, etwa in Lehrbüchern oder Lexika, ist die Tendenz, die gedruckte Seite als sakrosankten Ausdruck der Autorität aufzufassen, fast übermächtig.

Dies alles besagt, daß die Typographie durchaus kein neutraler Informationsträger war. Sie führte zur Reorganisation der Gegenstände, zu einer verstärkten Betonung von Logik und Klarheit und zu einer bestimmten Haltung gegenüber der Autorität von Wissen. Und sie begründete eine neuartige Wahrnehmung literarischer Formen. Prosa und Poesie z. B. wurden jetzt danach unterschieden, wie die Wörter auf der Druckseite verteilt waren. Und natürlich spielte die Struktur der Druckseite ebenso wie die Reproduzierbarkeit des gedruckten Buches eine entscheidende Rolle nicht nur bei der Entstehung des Essays, sondern auch bei der des Romans. Viele der frühesten Romanautoren, etwa Samuel Richardson, waren selbst Drucker. Und als Sir Thomas Morus seine *Utopia* schrieb, gewissermaßen unseren ersten Sciencefiction-Roman, da arbeitete er auf jeder Stufe eng mit seinem Drucker zusammen. All dies deutet darauf hin, daß man die psychologische Wirkung des Überwechselns der Kommunikation vom Ohr zum Auge, vom gesprochenen zum gedruckten Wort schwerlich überschätzen kann. Die eigene Sprache in einer derartig dauerhaften, reproduzierbaren und standardisierten Form zu *sehen* erzeugte die denkbar gründlichste Beziehung zu ihr. Heute, in einer Umwelt, die so sehr von geschriebener Sprache geprägt ist, daß wir in ihr gar nicht zurechtkämen, wenn wir nicht lesen könnten, fällt es uns schwer, das Wunderbare und tief Bedeutsame nachzuvollziehen, das dem Lesen im 16. und 17. Jahrhundert anhaftete. Als so mächtig – vielleicht sogar magisch – galt die Fähigkeit zu lesen, daß sie einen Menschen vor dem Galgen retten konnte. So wurden in England einem Dieb nur die Daumen gezeichnet, wenn er einen Satz aus der Bibel lesen konnte; konnte er das nicht, dann war sein Leben verwirkt. »Besagter Paul liest, soll gebrandmarkt werden; besagter William liest nicht, soll gehängt werden« – so steht es in einem Gerichtsurteil von 1613 über zwei Männer, die überführt worden waren, das Haus des Earl of Sussex beraubt zu haben.[27]

Der Buchdruck machte aus der Volkssprache zum erstenmal ein Massenmedium. Das hatte nicht nur für die Individuen Folgen, sondern auch für ganze Nationen. Es läßt sich kaum bezweifeln, daß die fixierte, visualisierbare Sprache eine wesentliche Rolle bei der Entstehung des Nationalismus spielte. Tatsächlich entwickelte sich der sprachliche Chauvinismus parallel zur Entwicklung des Buchdrucks: die Idee der »Muttersprache« war ein Produkt der Druckerkunst. Das gleiche gilt für die Idee des Protestantismus. Keine gesellschaftliche Umwälzung ist direkter und offenkundiger mit dem Buchdruck verbunden als die protestantische Reformation. Für diese Behauptung können wir das Zeugnis Martin Luthers selbst anführen, der in der Druckerkunst den höchsten und äußersten Gnadenakt Gottes zur Beförderung der Sache des Evangeliums sah. Luthertum und Buch sind untrennbar miteinander verknüpft. Doch bei aller Klugheit, mit der sich Luther gedruckte Streitschriften und Bücher zunutze machte, war selbst er zuweilen von der unerwarteten Macht des Gedruckten bestürzt. In einem Brief an den Papst schreibt er, wie sehr es ihn überrascht habe, daß seine Thesen an so vielen Orten Verbreitung gefunden hätten, seien sie doch ausschließlich für einen kleinen Kreis von Universitätsleuten bestimmt und in einer Sprache abgefaßt gewesen, die der gemeine Mann kaum verstand. Vielleicht hätte sich Luther weniger gewundert, wenn er die Warnung des Sokrates vor dem Schreiben gekannt hätte. Im *Phaidros* (275e) erklärt Sokrates: »Ist sie aber einmal geschrieben, so schweift auch überall jede Rede gleichermaßen unter denen umher, die sie verstehen, und unter denen, für die sie nicht gehört, und versteht nicht, zu wem sie reden soll und zu wem nicht.« Und hier dachte Sokrates noch gar nicht an das gedruckte Buch, durch das sich sein Problem verhundertfacht. Denn offensichtlich übersah Luther, daß sich gedruckte Bücher herumtragen und verbreiten lassen. Auch wenn seine Thesen im Latein der Akademiker verfaßt waren, ließen sie sich doch leicht in alle Gegenden Deutschlands und in andere Länder transportieren, und ebenso leicht konnten Drucker sie in ihre Volkssprachen übersetzen.

Luther war zweifellos ein eifriger Verfechter des Drucks von volkssprachlichen Schriften und machte sich die Tatsache, daß die geschriebene Rede überall umherschweift »und nicht versteht, zu wem sie reden soll«, zunutze. Er übersetzte die Bibel ins Deutsche, damit das Wort Gottes die denkbar größte Zahl von Menschen erreiche. Es würde hier zu weit führen, die zahlreichen Wechselbeziehungen zwischen Buchdruck und religiöser Rebellion im einzelnen zu erörtern, man muß sich allerdings klarmachen, daß die Druckerpresse das Wort Gottes jeder Familie auf den Küchentisch brachte, und zwar in einer Sprache, die sie verstehen konnte. Und als Gottes Wort so zugänglich geworden war, waren die Christen nicht länger darauf angewiesen, es sich vom Papsttum deuten zu lassen. Jedenfalls gelangten Millionen von ihnen zu dieser Ansicht. »Das Christentum«, so schreibt Lawrence Stone, »ist eine Religion des Buches, nämlich der Heiligen Schrift, und sobald dieses Buch nicht mehr ein wohlgehütetes Geheimnis war, zu dem nur die Priester Zugang hatten, erzeugte es einen Druck in Richtung auf die Entstehung einer literalen, des Lesens und Schreibens kundigen Gesellschaft.«[28] Die Bibel wurde zu einem Instrument, über das man nachdenken konnte, aber auch zu einem Instrument, *mit* dem man nachdenken konnte. Denn wenn es je einen Fall gegeben hat, in dem ein Medium und eine Botschaft ihrer Tendenz nach genau übereinstimmen, dann die Beziehung zwischen Druckerkunst und Protestantismus. Nicht nur, daß beide Momente die Möglichkeiten individuellen Denkens und Handelns darlegten – die Übersetzung der Bibel in mehrere Sprachen verwandelte auch das Wort Gottes, wie es sich in der lateinischen Bibel des Mittelalters offenbart hatte, in die *Worte* Gottes. Durch den Druck wurde Gott zum Engländer, zum Deutschen, zum Franzosen, je nachdem, in welcher Volkssprache sein Wort offenbart wurde. Das stärkte den Nationalismus und schwächte die Unantastbarkeit der Heiligen Schrift. Die schließliche Verdrängung der Liebe zu Gott durch die Liebe zum Vaterland, die sich vom 18. Jahrhundert bis in die Gegenwart hinein vollzog, gehört möglicherweise zu den Folgen des Buchdrucks. In den letzten beiden Jahrhunderten etwa haben sich Christen fast ausschließlich durch nationale Interessen dazu hinreißen lassen, Kriege zu führen; Gott konnte sich selbst wehren.

Auch die Verdrängung der mittelalterlichen, aristotelischen Wissenschaft durch die moderne Wissenschaft kann man in erheblichem Maße auf die Druckerpresse zurückführen. Kopernikus wurde gegen Ende des 15. Jahrhunderts geboren, und Andreas Vesalius, Tycho Brahe, Francis Bacon, Galileo Galilei, Johannes Kepler, William Harvey und Descartes kamen alle im 16. Jahrhundert zur Welt; die Fundamente der modernen Wissenschaft wurden also in den ersten hundert Jahren nach der Erfindung der Druckerpresse gelegt. Man gewinnt einen Eindruck von der Dramatik dieses Übergangs vom mittelalterlichen Denken zur modernen Wissenschaft, wenn man einen Blick auf das Jahr 1543 wirft. In diesem Jahr erschien sowohl die Schrift *De Revolutionibus* von Kopernikus als auch *De Fabrica* von Vesalius; das erste Werk erneuerte die Astronomie von Grund auf, das zweite die Anatomie. Wie kam es dazu, daß die neue Kommunikationsumwelt eine solche Fülle wissenschaftlicher Entdeckungen und wissenschaftlicher Ideen hervorbrachte?

Zunächst einmal erschloß der Buchdruck nicht nur neue Methoden und Quellen der Datensammlung, sondern er weitete auch die Kommunikation zwischen den Wissenschaftlern auf den gesamten Kontinent aus. Zweitens brachte die Tendenz zur Standardisierung eine Vereinheitlichung der mathematischen Symbole mit sich, wozu auch die Ersetzung der römischen durch die arabischen Zahlen gerechnet werden muß. So konnte Galilei die Mathematik als »Sprache der Natur« bezeichnen – in der Gewißheit, daß auch andere Wissenschaftler diese Sprache sprechen und verstehen konnten. Außerdem trug die Standardisierung ganz erheblich zur Beseitigung von Unklarheiten in Texten und zur Verringerung von Irrtümern in Diagrammen, Schaubildern, Tabellen und Karten bei. Indem der Druck reproduzierbare visuelle Hilfsmittel zur Verfügung stellte, ließ er die Natur einförmiger und deshalb transparenter erscheinen.

Der Buchdruck führte durch die Verwendung der Volkssprachen auch zur Popularisierung wissenschaftlicher Vorstellungen. Zwar beharrten einige Wissenschaftler – Harvey zum Beispiel – darauf, lateinisch zu schreiben, andere aber, wie etwa Bacon, bedienten sich eifrig der Volkssprache, um den neuen Geist und die neuen Methoden der wissenschaftlichen Philosophie zu verbreiten. Die Tage der Alchimistengeheimnisse waren gezählt. Die Wissenschaft wurde zur »öffentlichen Angelegenheit«. Bacons *Advancement of Learning,* erschienen 1605, ist die erste große wissenschaftliche Abhandlung in englischer Sprache. Ein Jahr später publizierte Galilei in italienischer Sprache eine Streitschrift, die er anscheinend in seinem eigenen Haus druckte; Galilei hatte durchaus Gespür für die Möglichkeiten von volkssprachlichen Druckerzeugnissen als eines Mittels, von sich reden zu machen, und benutzte dieses Mittel auch, um seine Ansprüche auf die Erfindung des Fernrohrs zu bekräftigen. Außerdem stellte die Druckerkunst eine reichhaltige Sammlung nützlicher antiker Texte wieder zur Verfügung, die den mittelalterlichen Gelehrten entweder unbekannt oder unzugänglich gewesen waren. So erschien zum Beispiel im Jahre 1570 die erste englische Euklid-Übersetzung.

Gegen Ende des 16. Jahrhunderts stand nicht nur der Euklid zur Verfügung, auch Astronomie, Anatomie und Physik waren jedem, der lesen konnte, zugänglich. Neue literarische Formen waren verfügbar. Die Bibel war verfügbar. Geschäftsdokumente waren verfügbar. Und verfügbar war auch praktisches Wissen über Maschinen, Landwirtschaft und Medizin. Im Verlauf des Jahrhunderts war eine von Grund auf neue symbolische Umwelt entstanden. Diese Umwelt war erfüllt von neuem Wissen und abstrakter Erfahrung. Sie erforderte neue Fertigkeiten, neue Verhaltensweisen und, vor allem, ein neues Bewußtsein. Individualität, die Fähigkeit zu begrifflichem Denken, geistige Regsamkeit, der Glaube an die Autorität des gedruckten Worts, die Leidenschaft für Klarheit, Folgerichtigkeit und Vernunft – dies alles trat in den Vordergrund, während der von Mündlichkeit bestimmte Verständigungskontext des Mittelalters allmählich verschwand. Geschehen war dies: Der *literatus,* der des Lesens und Schreibens kundige Gebildete, war geschaffen worden. Und indem er hervortrat, hatte er die Kinder hinter sich zurückgelassen. Denn im Mittelalter konnte weder jung noch alt lesen, und das Leben aller vollzog sich im Hier und Jetzt, im »Unmittelbaren und Lokalen«, wie es Mumford nannte. Deshalb bedurfte es auch keiner Vorstellung von Kindheit, denn alle hatten teil an der gleichen Wissensumwelt und lebten insofern in der gleichen gesellschaftlichen und kulturellen Formation. Als aber die Druckerpresse zur Wirksamkeit gelangt war, da zeigte sich, daß mit ihr eine neue Art von Erwachsenheit auf den Plan getreten war. Seit der Erfindung des Buchdrucks mußte die Erwachsenheit *erworben* werden. Sie wurde zu einer symbolischen Leistung, war nicht länger Resultat einer biologischen Entwicklung. Seit der Erfindung des Buchdrucks mußten die Kinder Erwachsene erst *werden,* und dazu mußten sie lesen lernen, die Welt der Typographie betreten. Damit ihnen das gelang, brauchten sie Erziehung. Deshalb erfand die europäische Zivilisation die Schule von neuem. Und damit machte sie aus der Kindheit eine Institution.

Kapitel 3

Die Wiege der Kindheit

Die ersten fünfzig Jahre des Buchdrucks bezeichnet man als die *incunabula,* wörtlich: die Zeit, da die Typographie noch in der Wiege lag. Als dann die Druckerkunst dieser Wiege entwachsen war, nahm die Idee der Kindheit ihren Platz ein, und deren *incunabula* dauerten rund zweihundert Jahre. Nach dem 16. und 17. Jahrhundert hatte sich die Ansicht allgemein durchgesetzt, daß es eine Kindheit *gab* und daß sie zur natürlichen Ordnung der Dinge gehörte. J. H. Plumb schreibt: »Zusehends wurde das Kind zu einem Gegenstand der Achtung, zu einem besonderen Geschöpf mit andersartigem Wesen und andersartigen Bedürfnissen, das von der Erwachsenenwelt abgesondert und vor ihr geschützt werden mußte.«[1] Absonderung ist hier natürlich das Schlüsselwort. Indem wir Menschen voneinander absondern, schaffen wir *Kategorien* von Menschen, und die Kinder sind ein historisches Beispiel für eine solche Kategorie. Plumb jedoch sieht die Sache umgekehrt. Die Kinder wurden nicht deshalb von der übrigen Bevölkerung abgesondert, weil man annahm, sie hätten ein »andersartiges Wesen und andersartige Bedürfnisse«. Vielmehr glaubte man, sie hätten ein anderes Wesen und andere Bedürfnisse, weil sie von der übrigen Bevölkerung abgesondert worden waren. Und die Absonderung erfolgte, weil es in dieser Kultur entscheidend geworden war, Lesen und Schreiben zu lernen und sich in einer Weise auszubilden, wie sie die vom gedruckten Wort geprägte Kultur verlangte.

Natürlich war es nicht von Anfang an klar, welche Folgen Lesen und Schreiben für die Menschen haben würden. Wie nicht anders zu erwarten, waren die vorherrschenden Deutungen für die Ausbreitung der Lese- und Schreibfähigkeit naiv, genau so wie unser heutiges Verständnis der Auswirkungen der elektronischen Medien naiv ist. Die Kaufleute zum Beispiel wollten, daß ihre Kinder das ABC lernten, damit sie sich in der Papierwelt des Handels und der Geschäfte zurechtfinden konnten.[2] Die Lutheraner wollten Menschen, die sowohl die volkssprachlichen Bibeln als auch die Anklagen gegen die Kirche lesen konnten. Einige Katholiken sahen in den Büchern ein Mittel, den Menschen vermehrt Gehorsam gegenüber der Heiligen Schrift einzuflößen. Und die Puritaner erblickten im Lesen die wichtigste Waffe gegen »die drei großen Übel der Unwissenheit, der Gottlosigkeit und des Müßiggangs«.[3] Mancher von ihnen bekam, was ihm vorgeschwebt hatte; mancher bekam sehr viel mehr.

Um die Mitte des 16. Jahrhunderts begannen die Katholiken, sich von der sozialen Literalität abzukehren, sahen im Lesen eine zersetzende Kraft, untersagten schließlich die Lektüre volkssprachlicher Bibeln und erließen ein Verbot bestimmter Bücher, etwa der des Erasmus. Lesen wurde mit Häresie gleichgesetzt, und unweigerlich folgte aus dieser Deutung der Index. Die Protestanten, die zur Häresie neigten und außerdem hofften, die Lese- und Schreibfähigkeit werde zur Vertreibung des Aberglaubens beitragen, machten sich die Möglichkeiten des Buchdrucks weiterhin zunutze und nahmen diese Auffassung auch mit in die Neue Welt hinüber. Gerade im presbyterianischen Schottland begegnet uns das intensivste Interesse an einer schulischen Bildung für alle. Im *First Book of Discipline* des Presbyterianers John Knox aus dem Jahre 1560 wird zum Beispiel – erstmals in der englischen Geschichte – die Forderung nach einem nationalen Erziehungssystem aufgestellt. Als die Presbyterianer auf dem Höhepunkt ihrer Macht waren, erließen sie eine Gesetzgebung, die in diese Richtung zielte (den Act von 1646) und die sie 1696, als sie wieder an die Macht gelangt waren, erneuerten und stärkten.[4]

Zu den Folgen der Abkehr der Katholiken vom Buchdruck und des protestantischen Bündnisses mit ihm gehörte eine verblüffende Verschiebung in der intellektuellen Geographie Europas. Während das Bildungs- und Sensibilitätsniveau der mediterranen Länder im Mittelalter höher war als das Nordeuropas, hatte sich dieses Verhältnis gegen Ende des 17. Jahrhunderts umgekehrt.

Der Katholizismus blieb eine Religion des Bildes; er setzte die Bilderverehrung fort, verstärkte sie sogar und widmete der prunkvollen Ausstattung seiner Kirchen und Gottesdienste große Aufmerksamkeit. Der Protestantismus dagegen entwickelte sich als Religion des Buches, drängte die Bilderverehrung zurück und wendete sich einer nüchternen Symbolsprache zu. Joseph Kay hat im 19. Jahrhundert bemerkt, man müsse, um die Armen für die Religion zu interessieren, entweder »das Schauspiel ausschmükken«, wie es die Katholiken taten, oder »das Volk erziehen«, wie es die Protestanten taten.[5] In bezug auf die Armen mag Kay recht haben, doch wir dürfen nicht übersehen, daß ein lesendes Volk eine Fähigkeit zu begrifflichem Denken entwickelt, die auf einem höheren Abstraktionsniveau angesiedelt ist als die von Analphabeten. Der am Bild orientierte, üppig ausgeschmückte Katholizismus hatte es nicht eigentlich darauf abgesehen, die Armen für irgend etwas zu interessieren; er paßte sich vielmehr einem Publikum aus allen gesellschaftlichen Schichten an, das nach wie vor an eine konkrete, bildhafte Symbolsprache gewöhnt war. In der Schmucklosigkeit des Protestantismus dagegen drückte sich gleichsam natürlich ein Lebensstil aus, den das Buch mit abstrakten Denkoperationen vertraut gemacht hatte.

Dies bedeutete unter anderem, daß sich die Institution der Kindheit ungleichmäßig entfaltete. Wenn man nämlich die verschlungenen Wege der geschichtlichen Entwicklung genauer untersucht hat, so gelangt man zu einer ziemlich bündigen Formel: Wo die Lese- und Schreibfähigkeit allgemein hoch im Kurs stand, gab es Schulen, und wo es Schulen gab, da entfaltete sich die Vorstellung von der Kindheit sehr rasch. Deshalb auch nahm sie auf den britischen Inseln früher und deutlicher Gestalt an als irgendwo sonst. Schon in der Regierungszeit Heinrichs VIII. forderte William Forrest einen Elementarunterricht. Im Alter von vier Jahren, so schlug er vor, sollten die Kinder zur Schule geschickt werden, »um einige Bildung zu erwerben«, damit sie »Gottes Walten« verstehen lernten.[6] Eine ähnliche Idee trug Thomas Starkey vor, der in seinem *Dialogue* Pfarrbezirksschulen für alle Kinder unter sieben Jahren anregte.[7] In verhältnismäßig kurzer Zeit verwandelten die Engländer ihre Gesellschaft in eine Insel der Schulen. Im Verlauf des 16. Jahrhunderts wurden den einzelnen Gemeinden Hunderte von Legaten zur Errichtung freier Schulen für die Elementarausbildung der Kinder vermacht.[8] Eine Übersicht von W. K. Jordan zeigt, daß es im Jahre 1480 in England 34 Schulen gab; im Jahre 1660 waren es 444, eine auf 4400 Einwohner, anders gesagt: alle zwanzig Kilometer fand sich eine Schule.[9]

Drei verschiedene Arten von Schulen entwickelten sich nebeneinander: die »kleinen« oder Elementar-Schulen, die im Lesen, Schreiben und Rechnen unterrichteten; die freien Schulen, die Mathematik, englischen Aufsatz und Rhetorik lehrten; und die Grammar Schools, die die Kinder mit Unterricht in englischer Grammatik und klassischen Sprachen auf die Universitäten und die Inns of Court, die Rechtskollegien in London, vorbereiteten. Shakespeare besuchte eine solche Grammar School in Stratford, und seine Erfahrungen dort (wahrscheinlich hatte er Lylys Lateinische Grammatik lesen müssen) regten ihn zu der berühmten Klage im zweiten Teil seines Dramas *Heinrich VI.* an:

> »Du hast höchst verräterischerweise die Jugend des Reiches verderbet, indem du eine lateinische Schule (grammar school) errichtet . . . Es wird dir ins Gesicht bewiesen werden, daß du Leute um dich hast, die zu reden pflegen von Nomen und Verbum und dergleichen scheußlichen Worten mehr, die kein Christenohr geduldig anhören kann.« (IV, 7, Übers. v. A. W. v. Schlegel.)

Freilich, die meisten Engländer teilten nicht Shakespeares Ansicht, daß die Gründung von Schulen die Jugend des Reiches verderbe. Die Engländer waren sogar nicht einmal abgeneigt, Mädchen zur Schule zu schicken: der freie Unterricht, der in Norwich erteilt wurde, stand Kindern beiderlei Geschlechts offen. Und wenngleich man berücksichtigen muß, daß die Schulbildung hauptsächlich der Mittel- und Oberschicht zugute kam, gibt es doch Zeugnisse dafür, daß selbst unter den Armen einige Frauen lesen konnten.

Aber natürlich sehr viel mehr Männer. Von 204 Männern, die zwischen 1612 und 1614 als Nicht-Vorbestrafte in Middlesex zum Tode verurteilt wurden, plädierten 95 auf das »Vorrecht des Klerus«, was bedeutete, daß sie in der Lage waren, einen Satz aus der Bibel zu lesen, und daher vom Galgen verschont blieben.[10] Lawrence Stone zieht hieraus den Schluß, daß, wenn 47 Prozent der Angehörigen »krimineller Schichten« lesen konnten, der Anteil derer, die lesen konnten, an der männlichen Gesamtbevölkerung noch erheblich höher gewesen sein muß. (Es ist aber auch möglich, daß die »kriminellen Schichten« sehr viel schlauer waren, als Stone ihnen zubilligt, und daß dem Lesenlernen gerade bei ihnen hohe Priorität zukam.)

Jedenfalls sind genaue Angaben über die statistische Verteilung von Lesefähigkeit und Analphabetismus schwer zu ermitteln. Thomas Morus schätzte, daß im Jahre 1533 mehr als die Hälfte der Bevölkerung imstande war, eine englische Bibelübersetzung zu lesen. Die meisten Historiker halten dies für zu hoch gegriffen und gehen für das Jahr 1675 von ungefähr 40 Prozent (der männlichen Bevölkerung) aus. So viel immerhin wissen wir: im Jahre 1642 wurden mehr als 2000 verschiedene Flugschriften und Broschüren veröffentlicht; im Jahre 1645 erschienen mehr als 700 Zeitungen; und die Gesamtzahl der zwischen 1640 und 1660 erschienenen Flugschriften und Zeitungen beläuft sich auf 22 000.[11] Es kann sein, daß England um die Mitte des 17. Jahrhunderts »die Gesellschaft mit dem höchsten Anteil an Lese- und Schreibkundigen der bisherigen Geschichte gewesen ist«.[12] Mit Sicherheit waren seine politischen Führer zu Beginn des 17. Jahrhunderts des Lesens und Schreibens mächtig. Das gleiche gilt offenbar auch für Frankreich. Der letzte Analphabet, der in England ein hohes Amt innehatte, war der erste Earl of Rutland; in Frankreich war es der Konnetabel Montmorency.[13] Obwohl die Entfaltung der Lese- und Schreibfähigkeit (d. h. die Entwicklung der Schulen) in Frankreich hinter der in England zurückblieb, besuchten im Jahre 1627 annähernd 40 000 französische Kinder eine Schule.

All dies brachte einen bemerkenswerten Wandel in der gesellschaftlichen Stellung der Kinder mit sich. Weil die Schule dazu bestimmt war, einen des Lesens und Schreibens kundigen Erwachsenen heranzubilden, wurden die Kinder nicht mehr als kleine Erwachsene wahrgenommen, sondern als etwas völlig anderes – als ungeformte Erwachsene. Im schulischen Lernen erkannte man ein Wesensmerkmal der Kindheit. »Altersklassen . . . organisieren sich um Institutionen«, schreibt Ariès. Und so wie im 19. Jahrhundert die Adoleszenz durch die Einberufung zur Armee definiert wurde, bestimmte der Schulbesuch im 16. und 17. Jahrhundert die Kindheit. Das Wort »Schuljunge« war schließlich gleichbedeutend mit »Kind«. Ivy Pinchbeck und Margaret Hewitt schreiben dazu:

> »Während die ›Kindheit‹ unter dem traditionellen [vom Lehrverhältnis geprägten] System praktisch mit sieben Jahren endete . . . brachte es die organisierte Schulerziehung mit sich, daß die Phase, in der man die Kinder von den Anforderungen und Verantwortlichkeiten der Erwachsenenwelt fernhielt, verlängert wurde. Tatsächlich war die Kindheit jetzt nicht mehr so sehr eine biologische Notwendigkeit von nur vorübergehender Bedeutung; erstmals wurde sie zu einer Bildungsphase, der man immer mehr Gewicht beimaß.«[14]

Das heißt aber nichts anderes, als daß die *Kindheit hier zur Bezeichnung für eine bestimmte Stufe symbolischer Leistungen* wird. Das frühe, »unmündige« Kindesalter *(infancy)* endete mit dem Erwerb der Sprachbeherrschung. Die Kindheit begann dort, wo sich die Aufgabe stellte, lesen zu lernen. Tatsächlich verwendete man das Wort »Kind« häufig zur Bezeichnung von Erwachsenen, die nicht lesen konnten, die man geistig als Kinder ansah. Wie Plumb berichtet, ging man im 17. Jahrhundert allgemein davon aus, daß sich »das Lesen- und Schreibenlernen und die gesamte Schulerziehung entsprechend der Entwicklung des Kindes vollziehen sollten: mit dem Lesen sollte man im Alter von vier oder fünf Jahren beginnen, sodann mit dem Schreiben, und nach und nach sollten anspruchsvollere Gegenstände hinzukommen . . . Die Erziehung wurde einigermaßen starr an das kalendarische Alter der Kinder geknüpft«.[15]
Aber es dauerte einige Zeit, bis sich diese Korrelation zwischen Kalenderalter und Erziehung entwickelte. Die ersten Versuche, Schüler in Klassen oder verschiedene Stufen einzuteilen, hatten die Lesefähigkeit und nicht das Alter zum Kriterium.[16] Die Differenzierung nach dem Alter kam erst später. Wie Ariès feststellt, zeugt die Aufgliederung der Schulklasse in eine Hierarchie der Lesekompetenz davon, »daß man sich der Sonderstellung der Kindheit oder der Jugend bewußt geworden ist und sich der Auffassung nicht länger verschließt, daß es innerhalb dieser Kindheit oder auch dieser Jugend wieder bestimmte Kategorien gibt«.[17]
Ariès knüpft hier an ein Grundprinzip sozialer Wahrnehmung an, auf das wir eben schon hingewiesen haben: Wenn irgendeine Gruppe aufgrund eines einzigen Merkmals gebildet wird, dann ist es unvermeidlich, daß auch andere Merkmale wahrgenommen

werden. Was zunächst nur wie eine Gruppe von Menschen aussieht, denen man das Lesen beibringen muß, wird schließlich zu
einem Komplex, an dem man auch viele andere Eigentümlichkei-
ten wahrnimmt. Indem sich die Kindheit zu einer sozialen und
intellektuellen Kategorie entwickelte, wurden die verschiedenen
Stufen der Kindheit sichtbar. Zusammenfassend meint Elizabeth
Eisenstein: »Als die Schüler auf den Schulen nach neuartigen Gesichtspunkten eingeteilt und mit besonderem, auf die jeweilige
Lernstufe abgestimmtem Lehrmaterial in gedruckter Form versehen wurden, entwickelten sich schließlich auch die ›Peer-
Groups‹, die Gruppen der Gleichaltrigen, und es trat eine spezifische ›Jugendkultur‹ in Erscheinung.«[18]
Was hieraus folgte, war unvermeidlich – zumindest sieht es im
nachhinein so aus. Es entstand ein Unterschied zwischen Kinder-
und Erwachsenenkleidung. Gegen Ende des 16. Jahrhunderts
verlangte die Sitte, daß die Kindheit ihr eigenes Gewand trug.[19]
An den Gemälden seit dem 16. Jahrhundert lassen sich diese Unterschiede in der Kinderkleidung, aber auch der Wandel in der
Art, wie die Erwachsenen die körperliche Erscheinung der Kinder wahrnahmen, sehr deutlich nachweisen; auf ihnen werden die
Kinder nämlich nicht mehr als kleine Erwachsene dargestellt. Die
Kindersprache beginnt sich von der Erwachsenensprache zu unterscheiden. Wie schon gesagt – in der Zeit vor dem 17. Jahrhundert war eine Sondersprache des Kindes unbekannt. Danach entwickelte sie sich sehr schnell und vielfältig. Auch Bücher über
Kinderheilkunde erschienen jetzt immer zahlreicher. Eines dieser
Bücher, das Werk des Thomas Raynald, war so populär, daß es
vor 1600 schon sieben Auflagen erlebte und bis 1676 immer wieder gedruckt wurde. Selbst der einfache Akt der Namengebung
machte einen Wandel durch, in dem sich die veränderte soziale
Stellung der Kinder widerspiegelte. Im Mittelalter war es nicht
unüblich, allen Geschwistern denselben Namen zu geben und sie
nur durch Beinamen nach der Reihenfolge ihrer Geburt zu unterscheiden. Im 17. Jahrhundert jedoch war diese Sitte verschwunden, und die Eltern gaben jedem Kind einen eigenen Namen, der
oft von den Erwartungen bestimmt war, die sie in bezug auf das
Kind hegten.[20] Mit einer gewissen Verspätung entwickelte sich
auch die Kinderliteratur und trat 1744 in England erstmals in Erscheinung, als der Londoner Verleger John Newberry die Ge-

schichte von Jack dem Riesentöter druckte. Um 1780 hatten sich viele Berufsschriftsteller der Herstellung von Jugendbüchern zugewendet.[21]

Parallel zur Entfaltung der Kindheit nahm die moderne Familie Gestalt an. Das entscheidende Ereignis für die Entstehung der modernen Familie war, wie Ariès betont hat, die Erfindung und Ausweitung der formalen Schulerziehung.[22] Als es gesellschaftlich notwendig wurde, daß die Kinder eine langwierige Phase formaler Ausbildung absolvierten, veränderte sich auch die Beziehung der Eltern zu ihren Kindern. Ihre Verantwortung wurde größer und weitete sich aus, indem sie für ihre Kinder Wächter und Verwahrer, Beschützer und Ernährer, Bestrafer und Schiedsrichter in Geschmacks- und Sittenfragen wurden. Eisenstein weist auf einen weiteren Grund für diese Entwicklung hin: »Ein nicht endender Strom moralisierender Literatur bahnte sich seinen Weg in die Abgeschiedenheit des Haushalts ... Der ›Familie‹ wurden neue erzieherische und religiöse Funktionen übertragen.«[23] Anders gesagt: als Bücher über jedes erdenkliche Thema nicht nur in der Schule, sondern auch auf dem Marktplatz erhältlich waren, sahen sich die Eltern in die Rolle von Pädagogen und Theologen gedrängt und mit der Aufgabe konfrontiert, aus ihren Kindern gottesfürchtige, gebildete Erwachsene zu machen. Die Familie als Erziehungsinstitution beginnt mit dem Buchdruck, nicht nur weil die Familie gewährleisten mußte, daß die Kinder eine Schulerziehung erhielten, sondern auch, weil sie selbst daheim ergänzende Erziehungsaufgaben übernehmen mußte.

Aber es geschah mit der Familie noch etwas anderes, das sich auf die Vorstellung von der Kindheit auswirkte und nicht übersehen werden sollte. In England, um das offenkundigste Beispiel zu nehmen, bildete sich ein deutlich sichtbares und weiter erstarkendes Bürgertum heraus – Leute, die Geld hatten und auch den Wunsch, es auszugeben. Wie sie das taten, beschreibt F. R. H. Du Boulay:»Sie investierten es in größere Wohnhäuser mit mehr Räumen, in die man sich ungestört zurückziehen konnte; in Portraits von sich selbst und ihren Familien; und schließlich über Erziehung und Kleidung in ihre Kinder. *Das überschüssige Geld machte es möglich, die Kinder als Objekte von Geltungskonsum zu benutzen.*«[24] (Hervorhebung von mir.)

Du Boulay weist darauf hin, daß die Verbesserung der ökonomischen Lage mit dazu beitrug, die bewußte Wahrnehmung von Kindern zu schärfen und ihnen zu größerer gesellschaftlicher Sichtbarkeit zu verhelfen. Wenn die Knaben, wie wir gesehen haben, als erste als etwas Besonderes wahrgenommen wurden, dann müssen wir auch im Auge behalten, daß es sich um Knaben aus dem Bürgertum handelte. Zweifellos war die Kindheit Ausdruck einer bürgerlichen Idee, zum Teil auch deshalb, weil das Bürgertum sie sich leisten konnte. Es dauerte weitere hundert Jahre, bis diese Idee zu den unteren Klassen durchgedrungen war.

All diese Entwicklungen waren äußere Anzeichen für die Herausbildung einer neuen Kategorie von Individuen – Menschen, die sich anders ausdrückten als die Erwachsenen, die ihre Zeit anders verbrachten, sich anders kleideten, anders lernten und letztlich auch anders dachten. Der alledem zugrunde liegende strukturelle Wandel bestand darin, daß die Erwachsenen mit dem Buchdruck und seiner Dienerin, der Schule, in eine Position gerieten, aus der heraus sie die symbolische Umwelt der Kinder in einem bisher ungekannten Maß kontrollieren konnten, so daß sie die Bedingungen, unter denen das Kind zum Erwachsenen wurde, gestalten konnten und dies auch tun mußten.

Damit will ich nicht sagen, daß sich die Erwachsenen immer darüber im klaren waren, was sie taten oder warum sie es taten. In erheblichem Grade wurde die Entwicklung durch das Wesen des Buches und der Schule diktiert. Indem die Schulmeister z. B. methodisch komponierte Lehrbücher verfaßten und die Schulklassen nach dem Alter der Schüler einteilten, erfanden sie gleichsam die verschiedenen Stufen der Kindheit. Unsere Begriffe davon, was ein Kind lernen kann oder lernen soll und in welchem Alter, sind zum großen Teil von der Vorstellung eines gestaffelten Lehrplans abgeleitet, d. h. von der Idee, daß auf jeder Stufe bestimmte Bildungsvoraussetzungen erforderlich sind.

»Seit dem 16. Jahrhundert«, so bemerkt Elizabeth Eisenstein, »öffnet das Auswendiglernen einer festen Abfolge wohlunterschiedener, durch sinnlose Symbole und Laute dargestellter Buchstaben für alle Kinder des Abendlandes das Tor zum Bücherwissen.«[25] Elizabeth Eisenstein beschreibt hier den ersten Schritt hin zur Erwachsenheit, die Beherrschung des Alphabets, die, so wurde es beschlossen, irgendwann zwischen dem vierten und sechsten Lebensjahr gelingen sollte. Entscheidend aber ist hierbei, daß die Beherrschung des Alphabets und sodann die Beherrschung all der anderen Fertigkeiten und Kenntnisse, die wohldosiert folgen sollte, nicht bloß einen Lehrplan darstellten, sondern geradezu eine Definition der kindlichen Geschichte. Indem sie die Vorstellung von einer Hierarchie des Wissens und der Fertigkeiten entfalteten, erfanden die Erwachsenen die Struktur der kindlichen Entwicklung. J. H. Plumb bemerkt dazu: »Viele Annahmen über die menschliche Natur, die uns heute fast als zeitlos gültig erscheinen, sind während dieser Zeit erst entwickelt worden.«[26] Und da der schulische Lehrplan ganz auf die Erfordernisse des Lesen- und Schreibenlernens zugeschnitten war, ist es eigentlich verwunderlich, daß sich Pädagogen so wenig über den Zusammenhang zwischen dem »Wesen der Kindheit« und den vom Buchdruck ausgehenden Formierungstendenzen geäußert haben. So wird z. B. das Kind dadurch langsam zum Erwachsenen, daß es jene Art von Verstand ausbildet, die wir von einem guten Leser erwarten; dazu gehören ein kräftiger Individualismus, die Fähigkeit, logisch und folgerichtig zu denken, die Fähigkeit, gegenüber Symbolen eine distanzierte Haltung einzunehmen, die Fähigkeit, mit einem hohen Grad von Abstraktion umzugehen, und die Fähigkeit, die unmittelbare Befriedigung von Bedürfnissen aufzuschieben. Und natürlich auch die Fähigkeit, Leistungen auf dem Gebiet der Selbstbeherrschung zu vollbringen. Man übersieht mitunter, daß das Lernen mit Büchern insofern »unnatürlich« ist, als es von den Kindern ein hohes Maß an Konzentration und »Sitzfleisch« verlangt, das ihren Neigungen durchaus zuwiderläuft. Auch bevor es eine »Kindheit« gab, waren Kinder vermutlich quirliger und energiegeladener als Erwachsene. Einer der Gründe, warum Philippe Ariès die Erfindung der Kindheit bedauert, ist ja gerade, daß sie dazu tendiert, die hohe Lebhaftigkeit der Jugend zu beschränken. In einer Welt ohne Bücher und Schulen boten sich dem kindlichen Überschwang die denkbar besten Entfaltungsmöglichkeiten. In einer Welt der Büchergelehrsamkeit indessen mußte dieser Überschwang streng korrigiert werden. Eigenschaften wie Ruhe, Reglosigkeit, Nachdenklichkeit und einer genauen Regulierung der körperlichen Funktionen wurde nun ein hoher Wert beigemessen. Deshalb begannen seit dem 16. Jahrhundert Schulmeister und Eltern damit, den Kindern eine ziemlich strenge Disziplin aufzuerlegen. Die natürlichen Neigungen der Kinder nahm man nicht mehr bloß als Hindernis für das Lernen wahr, sondern geradezu als Anzeichen eines bösen Charakters. Daher galt es, im Interesse einer erfolgreichen Erziehung und auch um der »Seelenläuterung« willen, die »Natur« zu überwinden. Die Fähigkeit zur Selbstbeherrschung und zur Überwindung der eigenen Natur wurde zu einem bestimmenden Merkmal von Erwachsenheit und deshalb auch zu einem zentralen Erziehungsziel, für einige sogar zu *dem* Erziehungsziel schlechthin. »Das kleine Kind, welches in der Wiege liegt, ist sowohl widerspenstig als auch voll der Affektionen«, schrieben die Puritaner Robert Cleaver und John Dod in ihrem Buch *A Godly Form of Household Government* von 1621. Und weiter: »Und auch wenn sein Körper nur klein ist, so besitzt es doch ein missetäterisches Herz und ist ganz dem Bösen zugeneigt . . . Wenn man duldet, daß dieser Funke wächst, so wird er überspringen und das ganze Haus niederbrennen. Denn wir wandeln uns und werden gut nicht durch Geburt, sondern durch Erziehung.«[27]

Ungeachtet der Reaktion Rousseaus auf solche Anschauungen wurden Kinder jahrhundertelang einer Erziehung unterworfen, die sie »gut« machen, d. h. dazu bringen sollte, ihre natürlichen Energien und Bedürfnisse zu unterdrücken. Fraglos hat den Kindern eine derartige Zucht nie zugesagt, und schon 1597 entwarf Shakespeare das eindringliche, unvergeßliche Bild eines Kindes, dem bereits klar ist, daß die Schule nur die Feuerprobe für das Erwachsenenalter ist. In dem berühmten Abschnitt über die Lebensalter in *Wie es euch gefällt* spricht Shakespeare von dem »weinerlichen Buben, der mit Bündel / und glattem Morgenantlitz, wie die Schnecke / ungern zur Schule kriecht«. (II, 7)

In dem Maße, wie die Selbstbeherrschung zu einem wesentlichen intellektuellen und theologischen Prinzip und zu einem Merkmal von Erwachsenheit wurde, spiegelte sie sich auch in den sexuellen Sitten und Gepflogenheiten wider. Eines der frühesten und einflußreichsten Bücher über diesen Gegenstand sind die 1516 erschienenen *Colloquien* des Erasmus von Rotterdam. Die Absicht des Autors bestand darin, Verhaltensanweisungen zu geben, wie die Knaben ihr Triebleben regulieren sollten. Man darf in diesem Werk wohl das erste verbreitete weltliche Buch sehen, das sich

mit dem Thema des Schamgefühls beschäftigt, auch wenn es nach unseren Maßstäben zunächst nicht diesen Anschein erweckt. Denn Erasmus erörtert Dinge, von denen im 18. Jahrhundert in Kinderbüchern auf keinen Fall mehr die Rede sein durfte. So beschreibt er die fiktive Begegnung zwischen einem Knaben und einer Dirne, wobei der Junge dem Werben der Dirne widersteht und ihr schließlich den Pfad der Tugend weist. Auch schildert Erasmus einen jungen Mann, der einem Mädchen den Hof macht, und dann eine Frau, die sich über die Widerspenstigkeit ihres Gemahls beklagt. Mit anderen Worten, das Buch teilt den Kindern etwas über den Umgang mit dem Problem der Sexualität mit. Auf die Gefahr hin, sich für immer zu blamieren, könnte man Erasmus als die Judy Blume seiner Zeit bezeichnen. Aber anders als diese bekannte Autorin vielgelesener Bücher über die Sexualität der Kinder wollte Erasmus Schamgefühle nicht abbauen, im Gegenteil, er wollte die Schamschwelle erhöhen. Wie später John Locke und noch später Freud wußte auch Erasmus, daß das Schamgefühl, unabhängig von seiner religiösen Bedeutung, ein entscheidendes Element im Prozeß der Zivilisation ist. Es ist der Preis, den wir für unsere Siege über die Natur zahlen. Das Buch und die Welt der Buchgelehrsamkeit stellten einen fast uneingeschränkten Sieg über unsere animalische Natur dar, und zu den Erfordernissen einer des Lesens und Schreibens kundigen Gesellschaft gehörte durchaus ein fein entwickeltes Schamgefühl. Man übertreibt kaum, wenn man sagt, daß der Buchdruck – indem er die Botschaft von ihrem Absender trennte, indem er abstrakte Gedanken begünstigte, indem er die Unterordnung des Körpers unter den Geist verlangte und die Tugenden der Besinnlichkeit betonte – den Glauben an die Dualität von Geist und Körper verstärkte, der seinerseits eine verächtliche Einstellung zum Körper förderte. Der Buchdruck schenkte uns den körperlosen Geist, aber er hinterließ uns auch das Problem, wie wir unser übriges Wesen kontrollieren sollen. Das Schamgefühl war der Mechanismus, mit dem sich eine solche Kontrolle bewerkstelligen ließ.
Gegen Ende des 16. Jahrhunderts gab es eine Theologie des Buches, ein neu erstarkendes, auf der Drucktechnik fußendes Handelssystem und eine neue, aus der Schulbildung erwachsene Vorstellung von der Familie. Sie alle leisteten der Idee allseitiger Selbstbeherrschung Vorschub und drängten darauf, zwischen

dem Verhalten in der Öffentlichkeit und in der Privatsphäre eine klare Trennungslinie zu ziehen. »Erst sehr allmählich«, schreibt Norbert Elias, »breitet sich dann eine stärkere Scham- und Peinlichkeitsbelastung der Geschlechtlichkeit und eine entsprechende Zurückhaltung des Verhaltens mehr oder weniger gleichmäßig über die ganze Gesellschaft hin aus. Und erst dann, wenn die Distanz zwischen Erwachsenen und Kindern wächst, wird das, was wir die ›sexuelle Aufklärung‹ nennen, zu einem ›brennenden Problem‹.«[28] Elias sagt hier, daß die Gesellschaft in dem Maße, wie sich die Vorstellung von Kindheit entwickelte, einen großen Vorrat an Geheimnissen aufhäufte, die den Kindern vorenthalten werden sollten: Geheimnisse über die sexuellen Beziehungen, aber auch über Geld, Gewalt, Krankheit, Tod und gesellschaftliche Haltungen. Es bildeten sich sogar sprachliche Geheimnisse heraus – ein Bestand an Wörtern, die in Anwesenheit von Kindern nicht ausgesprochen werden durften.

Es liegt hierin eine gewisse Paradoxie, denn einerseits zerstörte die entstehende Buchkultur das, was Harold Innis als die »Wissensmonopole« bezeichnet hat. Sie machte theologische, politische und wissenschaftliche Geheimnisse einem breiten Publikum zugänglich, dem sie vorher verschlossen gewesen waren. Indem aber die Buchkultur andererseits die Kinder auf das Bücherwissen einschränkte, sie der Psychologie des nur aus Büchern Lernenden und der Aufsicht von Lehrern und Eltern unterwarf, grenzte sie die Welt des Alltags aus, die den Kindern im Mittelalter ganz und gar vertraut gewesen war. Schließlich wurde die Kenntnis dieser kulturellen Geheimnisse zu einem der herausragenden Merkmale von Erwachsenheit, und bis in die jüngste Zeit hinein bestand einer der wesentlichen Unterschiede zwischen dem Kind und dem Erwachsenen darin, daß dieser im Besitz von Wissen war, das für Kinder als unziemlich erachtet wurde. Wenn die Kinder heranwuchsen, enthüllten wir ihnen diese Geheimnisse Schritt für Schritt, bis hin zur »sexuellen Aufklärung«.

Deshalb verweigerten Lehrer den Kindern schon gegen Ende des 16. Jahrhunderts den Zugang zu »unanständigen Büchern« und bestraften sie für den Gebrauch schmutziger Worte. Auch hielten sie die Kinder von Glücksspielen ab, die im Mittelalter ein beliebter Zeitvertreib gewesen waren.[29] Und weil man nicht mehr davon ausgehen konnte, daß den Kindern die Geheimnisse des Verhaltens in der Öffentlichkeit, wie es sich für einen Erwachsenen ziemte, bekannt waren, fanden Anstandsbücher weite Verbreitung. Auch hier führte Erasmus das Feld an. In seiner Schrift *De civilitate morum puerilium* stellte er zur Erbauung der Jungen eine Reihe von Regeln für das Betragen in der Öffentlichkeit auf. »Wende dich beim Ausspucken ab«, sagt er, »damit nicht dein Speichel auf einen anderen fällt. Wenn etwas Eitriges auf den Boden fällt, so tritt darauf, damit es keinen anderen mit Ekel erfüllt. Wenn es dir nicht freisteht, dies zu tun, so fange den Auswurf in einem kleinen Tuch auf. Den Speichel wieder hinunterzuschlucken ist ebenso unmanierlich wie das Verhalten jener, die bei jedem dritten Wort ausspucken, nicht aus Notwendigkeit, sondern aus Gewohnheit.«

Was das Schneuzen betrifft, so betont Erasmus: ». . . sich in die Mütze oder die Kleidung zu schneuzen ist bäurisch . . . und es ist auch nicht viel höflicher, die eigene Hand zu Hilfe zu nehmen. Es gehört sich, die Nase mit einem Taschentuch zu reinigen, und zwar indem man sich, *wenn achtbarere Leute zugegen sind,* abwendet.« (Hervorhebung von Erasmus.)

Erasmus vollbringt hier mehreres gleichzeitig. Zunächst flößt er den Kindern Schamgefühl ein, ohne das sie keinen Zutritt zur Erwachsenenwelt erlangen können. Außerdem weist er ihnen den Status von »Barbaren« zu, denn mit der Idee der Kindheit entwickelte sich, wie bereits gesagt, die Vorstellung, daß Kinder ungeformte Erwachsene sind, die erst zivilisiert und in das Verhalten von Erwachsenen eingeübt werden müssen. So wie das Schulbuch ihnen die Geheimnisse des Wissens enthüllt, so offenbart ihnen das Anstandsbuch die Geheimnisse des Betragens in der Öffentlichkeit. »Wie Sokrates die Philosophie vom Himmel auf die Erde brachte«, sagt Erasmus über sein Buch, »so habe ich die Philosophie zu den Spielplätzen und Tischgesellschaften gebracht.« Aber Erasmus war es nicht nur darum zu tun, den Kindern Erwachsenengeheimnisse zu offenbaren. Er schuf zugleich neue Geheimnisse. Man muß wissen, daß sich seine Bücher über das Betragen in der Öffentlichkeit sowohl an Erwachsene als auch an Kinder richteten. Er begründete eine Vorstellung von Erwachsenheit und zugleich eine Vorstellung von Kindheit. Erinnern wir uns in diesem Zusammenhang an Barbara Tuchmans Bemerkung über das Kindische im Verhalten des mittelalterlichen Erwachsenen. Indem nun Buch und Schule das »Kind« hervorbrachten, schufen sie gleichzeitig den modernen Begriff vom Erwachsenen. Und wenn ich weiter unten zu zeigen versuche, daß heute die Kindheit verschwindet, dann will ich damit auch zum Ausdruck bringen, daß eine bestimmte Form von Erwachsenheit ebenfalls unweigerlich zu verschwinden droht.

In dem Maße jedenfalls, wie die Unterschiede zwischen Kindheit und Erwachsenheit zunahmen, entfaltete jede der beiden Sphären eine ihr eigentümliche Symbolwelt, und schließlich galt es als selbstverständlich, daß das Kind an der Sprache und Bildung des Erwachsenen, an seinen Vorlieben und Gelüsten und an seinem gesellschaftlichen Leben nicht teilnahm und nicht teilnehmen konnte. Die Aufgabe des Erwachsenen bestand ja gerade darin, das Kind auf den Umgang mit der Symbolwelt des Erwachsenen vorzubereiten. Um 1850 hatten sich die »Jahrhunderte der Kindheit« – so der amerikanische Titel des Buches von Ariès – erfüllt; die Kindheit war überall in der westlichen Welt zu einer sozialen Idee und zu einer sozialen Tatsache geworden. Indessen fiel niemandem auf, daß ungefähr in die gleiche Zeit der Anfang vom Ende der Kindheit fällt.

Kapitel 4

Der Weg der Kindheit

Bevor wir uns jenen Veränderungen in unserer Symbolwelt zuwenden, die zu einer Auflösung der Idee der Kindheit führen, soll kurz der Weg nachgezeichnet werden, den die Kindheit seit dem 17. Jahrhundert genommen hat. Wenn ich vom Verschwinden der Kindheit spreche, dann spreche ich vom Verschwinden einer Idee. Unser Verständnis für diese Idee – und erst recht für ihr Verschwinden – können wir vertiefen, wenn wir uns in Erinnerung rufen, welche Hindernisse ihr auf diesem Weg begegnet sind und welche Einflüsse ihr weitergeholfen haben.

Man darf sich nicht vorstellen, daß die Kindheit aus Gutenbergs Druckerwerkstatt und der Klasse des Schulmeisters vollentwickelt hervorgetreten ist. Zwar waren diese beiden Faktoren, wie ich zu zeigen versucht habe, für die Ausformung der Kindheit in der modernen Welt von wesentlicher Bedeutung. Aber wie alle Ideen, vor allem solche von internationaler Reichweite, hat auch die Idee der Kindheit zu unterschiedlichen Zeiten für unterschiedliche Menschen Unterschiedliches bedeutet. Jede Nation, die diese Idee zu begreifen und der eigenen Kultur einzuverleiben versuchte, hat ihr ein spezifisches, der jeweiligen wirtschaftlichen, religiösen und intellektuellen Konstellation entsprechendes Gepräge gegeben. In manchen Fällen wurde auf diese Weise die Idee bereichert, manchmal wurde sie vernachlässigt, und manchmal verarmte sie; an keinem Punkt der Entwicklung aber verschwand sie, obwohl es mitunter fast dazu gekommen wäre. Die Industrialisierung etwa, die seit dem 18. Jahrhundert in Gang gekommen war, erwies sich ständig als ein mächtiger Feind der

Kindheit. Schriftbeherrschung, Schulbildung und Kindheit entwickelten sich in England bis ins ausgehende 17. Jahrhundert sehr schnell. Als jedoch die großen Industriestädte entstanden und der Bedarf nach Fabrik- und Grubenarbeitern immer mehr wuchs, wurde die Besonderheit der Kinder ihrer Nützlichkeit als billiges Arbeitskräftereservoir untergeordnet. »Eine Auswirkung des Industriekapitalismus«, so schreibt Lawrence Stone, »bestand darin, den Straf- und Disziplinierungsaspekt der Schule hervorzukehren, in der manche kaum etwas anderes sahen als ein System, um den Willen des Kindes zu brechen und es für die eintönige Arbeit in der Fabrik abzurichten.«[1] Das trifft gewiß zu, sofern dem Kind überhaupt das Glück beschieden war, eine Schule besuchen zu können. Die englische Gesellschaft legte nämlich während des ganzen 18. und eines Teils des 19. Jahrhunderts im Umgang mit den Kindern der Armen, die sie als Treibstoff für den englischen Industrieapparat benutzte, eine außerordentliche Härte an den Tag.

»Ich bin Lorenschlepperin in der Gauber-Grube, ich muß die Loren ohne Licht schleppen, und da habe ich Angst. Ich gehe um vier und manchmal um halb vier morgens hin und komme nachmittags um fünf oder halb sechs wieder heraus. Ich lege mich zwischendurch nie schlafen. Manchmal singe ich, wenn ich Licht habe, aber im Dunkeln nicht, dann traue ich mich nicht.« So beschreibt um die Mitte des 19. Jahrhunderts ein achtjähriges Mädchen, Sarah Gooder, ihren Arbeitstag im Bergwerk.[2] Sarahs Enthüllungen und die anderer Kinder führten schließlich zu einem gesetzlichen Verbot der Bergwerksarbeit von Kindern – jedenfalls von Kindern unter zehn Jahren.

Ein wenig früher, im Jahre 1814, wurde ein Gesetz erlassen, das zum erstenmal in der englischen Geschichte den Kindesraub zu einem Kriminaldelikt erklärte. Bis dahin war es zwar gesetzwidrig gewesen, einem geraubten Kind seine Kleider wegzunehmen, aber die Handlung selbst, ein Kind zu rauben oder es an Bettler zu verkaufen, war nicht strafbar. Weniger großzügig erwies sich das Gesetz dagegen bei Verbrechen, die von Kindern begangen wurden. Noch 1780 konnten Kinder für jedes der mehr als zweihundert Verbrechen bestraft werden, auf die der Galgen stand. In Norwich wurde ein siebenjähriges Mädchen gehängt, weil es einen Unterrock gestohlen hatte, und nach den von dem Presbyterianer George Gordon 1780 in London ausgelösten Unruhen, den *Gordon Riots,* wurden mehrere Kinder öffentlich gehängt. »Nie sah ich Knaben so viel weinen«, sagte George Selwyn, ein Augenzeuge der Hinrichtungen.[3]

In einem Gerichtsverfahren im Jahre 1761 wurde Ann Martin für schuldig befunden, Kindern, mit denen sie bettelnd über Land zog, die Augen herausgerissen zu haben.[4] Dafür bekam sie nicht mehr als zwei Jahre im Newgate-Gefängnis, und wahrscheinlich wäre sie straflos ausgegangen, wenn es sich bei den Kindern um ihre eigenen gehandelt hätte. Ihr Vergehen bestand anscheinend darin, fremdes Eigentum beschädigt zu haben.

In zahlreichen Büchern, nicht zuletzt in den Romanen von Charles Dickens, wird über die Schreckensherrschaft berichtet, der man in England vom 18. Jahrhundert bis zur Mitte des 19. Jahrhunderts die Kinder der Armen unterwarf: über die Arbeitshäuser und Strafanstalten, die Textilfabriken und Gruben, über den Analphabetismus und den Mangel an Schulen. Den Ausdruck »Schreckensherrschaft« wähle ich mit Bedacht, denn ähnlich wie die Schreckensherrschaft in Frankreich die Idee der politischen Demokratie nicht zerstört hat und nicht zerstören konnte, so konnte auch die brutale Behandlung der Kinder aus der Unterklasse die Idee der Kindheit nicht zerstören. Zum Glück für die Zukunft war sie aus zäherem Stoff als die Kinder, die nie einen Nutzen von ihr hatten.

Es gibt mehrere Gründe dafür, daß die Kindheit den Heißhunger des industrialisierten England nach Arbeitskräften überstanden hat; dies gelang ihr nicht zuletzt deshalb, weil Bürgertum und Oberklasse in England die Idee der Kindheit am Leben erhielten, förderten und ausweiteten. Einem Kind wie Sarah Gooder brachte das keinen Trost, ihr konnte es völlig gleichgültig sein; nicht aber der Nachwelt und ganz besonders nicht England. Nachdem sich die mit der Kindheit verbundenen Ideen und Vorstellungen einmal festgesetzt hatten, haben sie England nie mehr verlassen. Es blieb nur der Zugang blockiert, durch den sie eine bestimmte Klasse von Menschen hätten erreichen können. England hat hierfür einen hohen Preis gezahlt – in keinem anderen westlichen Land ist das Klassenbewußtsein bis auf den heutigen Tag so stark verankert wie in der englischen Gesellschaft –, aber schließlich drang die Kindheit und alles, was mit ihr verbunden ist, auch zu den Unterklassen durch. Nach 1840 weitete sich z. B. die Elementarschulbildung so rasch aus, daß gegen Ende des 19. Jahrhunderts der Analphabetismus in allen gesellschaftlichen Klassen, bei Männern und Frauen gleichermaßen verschwunden war.[5]

Die Kindheit gehörte nicht zu den Ideen, die man bestimmten Teilen der Bevölkerung auf Dauer vorenthalten konnte. Auch wenn es das englische Bürgertum und die Oberklasse womöglich darauf abgesehen hatten, so mußte doch die Entwicklung der Kindheit in anderen Ländern den Lauf der Dinge erheblich beeinflussen. Wie die Idee der Kindheit im 17. Jahrhundert den Ärmelkanal von England nach Europa überquert hatte, kehrte sie im 18. und 19. Jahrhundert von dort nach England zurück. Für die meisten Völker auf dem Kontinent war es gegen Ende des 18. Jahrhunderts eine ausgemachte Sache, daß ein ursächlicher Zusammenhang zwischen dem Bildungsmangel und der hohen Kriminalität bei Kindern und Jugendlichen bestand, und ein Deutscher, der 1824 England besuchte, notierte: »England, in welchem Lande alljährlich mehr Menschen hingerichtet werden als in mehreren anderen Ländern zusammengenommen, duldet es, daß zwei Millionen seiner Bürger in tiefster Unwissenheit herumlaufen.«[6] Im Jahre 1833 schätzte die *Edinburgh Review,* daß das englische Volk, was die Schulbildung anging, unter den europäischen Ländern an letzter Stelle rangierte, die Deutschen hingegen an der ersten.[7] Und wenn nicht die Deutschen, dann gewiß die Schotten, die gegen Ende des 18. Jahrhunderts das ausgedehnteste Elementarschulwesen und vielleicht auch das beste Sekundarschulwesen in ganz Europa hatten. Wichtig ist hier aber vor allem, daß die Erfindung der Kindheit eine Idee war, die alle nationalen Schranken überstieg, die zwar gelegentlich aufgehalten wurde und einen Rückschlag erlitt, aber ihren Weg stetig fortsetzte. Die jeweiligen örtlichen Bedingungen beeinflußten ihre äußere Gestalt und ihr Fortkommen, aber nichts konnte sie zum Verschwinden bringen. In Frankreich z. B. kam der Widerstand gegen die soziale Literalität und die allgemeine Schulbildung nicht von einem unmenschlichen Industriekapitalismus, sondern von den Jesuiten, die eine »Protestantisierung« ihrer Religion und Kultur befürchteten. Doch um die Mitte des 19. Jahrhunderts hatte Frankreich, was den Bildungsgrad, die schulische Erziehung von Kindern und Jugendlichen und damit auch die Anerkennung der Bedeutung von Kindheit anlangte, mit England gleichgezogen.

Die ganz Europa erfassende Tendenz zu einer humaneren Auffassung von Kindheit läßt sich zum Teil darauf zurückführen, daß sich Staat und Verwaltung als zunehmend mitverantwortlich für das Wohlergehen der Kinder betrachteten. Man muß diese Tatsache berücksichtigen, weil man in den letzten Jahren massive staatliche Eingriffe in das Leben der Familie scharf kritisiert hat – meiner Ansicht nach zu Recht.[8] Aber im 18. und 19. Jahrhundert und vor allem in England und dort unter den ärmeren Schichten der Bevölkerung waren die Erwachsenen häufig nicht in der Lage, jenes Maß an Zuneigung und Einfühlung für Kinder aufzubringen, das uns als selbstverständlich gilt. Es kann durchaus sein, daß, wie deMause vermutet, viele Erwachsene psychisch außerstande waren, Kindern gegenüber zärtliche Gefühle zu hegen.[9] Es kann auch sein, daß die ökonomische Misere solche Gefühle, soweit sie vorhanden waren, erheblich einschränkte. Es ist jedenfalls bekannt, daß Eltern ihre Kinder sehr häufig nicht nur als Privatbesitz, mit dem sie nach Belieben verfahren konnten, behandelten, sondern auch als Sklaven, deren Wohlergehen für das Überleben der Familie aufs Spiel gesetzt werden durfte. Die Vorstellung, der Staat habe das Recht, als Beschützer der Kinder aufzutreten, war im 18. Jahrhundert etwas fundamental Neues. Dennoch wurde die unumschränkte Autorität der Eltern nach und nach in einem humanen Sinne modifiziert, so daß sich alle sozialen Klassen schließlich genötigt sahen, die Verantwortung für die Erziehung des Kindes gemeinsam mit dem Staat zu tragen.

Warum der Staat dazu tendierte, eine solche Verantwortung zu übernehmen, dafür gibt es mehrere Gründe. Zu ihnen gehört auch ein ganz Europa erfassendes Reform- und Bildungsbewußtsein. Wir dürfen nicht vergessen – das 18. Jahrhundert war das Jahrhundert Goethes, Voltaires, Diderots, Kants, David Humes und Edward Gibbons. Es war auch das Jahrhundert Lockes und Rousseaus. Und im Hinblick auf die Idee der Kindheit konnten die Jesuiten in Frankreich gegen Rousseau ebensowenig ausrichten wie der englische Industrieapparat gegen die Gedanken John Lockes. Damit will ich sagen, daß das geistige Klima des 18. Jahrhunderts – die so genannte Aufklärung – dazu beigetragen hat, die Idee der Kindheit zu entfalten und zu verbreiten.

Locke z. B. übte mit seinen 1693 erschienenen *Gedanken über Erziehung* einen gewaltigen Einfluß aus. Wie schon Erasmus vor ihm, erkannte Locke den Zusammenhang zwischen dem Lernen mit Büchern und der Kindheit und empfahl eine Erziehung, die das Kind zwar ebenfalls als ein besonders wertvolles Mittel zu verschiedenen Zwecken ansah, zugleich aber eine sorgfältige Berücksichtigung der geistigen Entwicklung des Kindes und seiner Fähigkeit zur Selbstbeherrschung verlangte. Auch Lockes aufgeklärte Ansichten über die Förderung der körperlichen Entwicklung zielten letztlich auf die Bildung der kindlichen Verstandeskräfte. Ein Kind soll einen kräftigen Körper besitzen, so schrieb er, damit es »imstande ist, dem *Geist* zu gehorchen und dessen Befehle auszuführen«. (Hervorhebung von Locke.) Locke erfaßte auch die Bedeutung des Schamgefühls als eines Mittels zur Aufrechterhaltung des Unterschieds zwischen Kindheit und Erwachsenenalter: »Achtung und Schande sind vor allem anderen die mächtigsten Antriebe für den Geist, wenn er einmal dazu gebracht worden ist, sie zu würdigen. Wenn man die Kinder nur einmal so weit hat, daß sie gutes Ansehen schätzen und Schande und Entehrung fürchten, dann hat man den wahren Grundsatz in sie gelegt.«[10] Doch vor allem förderte Locke die Theorie der Kindheit durch seine Idee, der Geist eines Menschen sei bei der Geburt eine leere, unbeschriebene Tafel, eine Tabula rasa. Damit fiel Eltern und Lehrern (und später dem Staat) große Verantwortung für das zu, was schließlich auf dieser Tafel geschrieben stehen würde. Ein unwissendes, schamloses, ungezogenes Kind zeugte von einem Versagen der Erwachsenen, nicht des Kindes. Wie zweihundert Jahre später Freuds Einsicht in die psychische Verdrängung, erzeugte auch Lockes These von der Tabula rasa bei den Eltern ein Schuldgefühl gegenüber der Entwicklung ihrer Kinder und schuf die psychologischen und erkenntnismäßigen Voraussetzungen dafür, daß die sorgfältige Pflege und Erziehung der Kinder zu einer nationalen Aufgabe ersten Ranges wurde, zumindest bei den Handel treibenden Schichten, als deren Sprachrohr man Locke betrachten könnte. Und selbst wenn sich Locke eine gleiche Schulbildung für alle Kinder, wie sie später der amerikanische Schulreformer Horace Mann durchsetzte, nicht vorstellen konnte, entwarf er doch ein Lehrlingsausbildungsprogramm zur Erziehung der ärmeren Kinder, deren Verstand immerhin nicht weniger formbar war als der von Kindern aus dem Bürgertum und der Oberschicht.

Einen starken Einfluß auf die Idee der Kindheit hatte im 18. Jahrhundert natürlich Rousseau. Obwohl Rousseau (im Unterschied zu Locke) anscheinend nicht genau erfaßt hat, warum die Institution der Kindheit entstanden war und wie sie sich erhalten ließ, hat er zwei wesentliche Beiträge zu ihrer Fortentwicklung geleistet. Der erste bestand in der Hervorhebung, daß ein Kind aus sich heraus wertvoll sei und nicht nur als Mittel zu einem Zweck. Hierin unterschied er sich deutlich von Locke, der im Kind jederzeit den potentiellen Staatsbürger und vielleicht sogar den Kaufmann sah. Rousseaus Idee war nicht gänzlich originell, denn um die Zeit, in der er schrieb, gab es in Frankreich schon eine gewisse Achtung vor den Besonderheiten der Kindheit und ein Verständnis für ihren eigenständigen Wert. Rousseau selbst zitiert einen alten Adligen, den Louis XV. fragt, ob ihm das 18. Jahrhundert mehr zusage als das 17., und der darauf erwidert: »Sire, ich habe meine Jugend in Ehrfurcht vor den Alten verbracht. Ich sehe mich genötigt, mein Alter in Ehrfurcht vor den Jungen zu verbringen.« Aber Rousseaus schriftstellerische Kraft und seine charismatische Persönlichkeit waren so stark, daß sich die Mehrzahl seiner Anhänger schlicht weigerte zu glauben, was Voltaire und andere Gegner Rousseaus enthüllt hatten, nämlich daß er seine eigenen Kinder in Waisenhäuser gesteckt hatte. Ungeachtet solcher persönlichen Unzulänglichkeiten weckten Rousseaus Schriften ein Interesse an der Natur des Kindes, das bis heute fortbesteht. Man kann wohl sagen, daß Friedrich Fröbel, Johann Pestalozzi, Maria Montessori, Jean Piaget, Arnold Gesell und A. S. Neill geistige Erben Rousseaus sind. (Fröbel und Pestalozzi haben sich ausdrücklich zu diesem Erbe bekannt.) Ganz gewiß gingen sie alle in ihren Arbeiten von der Annahme aus, daß sich die Psychologie des Kindes grundlegend von der des Erwachsenen unterscheidet und daß sie ihre eigentümlichen, unverwechselbaren Bedingungsgesetze hat.

Rousseaus zweiter wesentlicher Gedanke besagte, daß dem geistigen und psychischen Leben des Kindes nicht deshalb Bedeutung zukommt, weil wir es kennen müssen, um unsere Kinder zu

erziehen und auszubilden, sondern weil die Kindheit dasjenige Lebensalter ist, in dem der Mensch dem »Naturzustand« am nächsten steht. Rousseau betonte den Wert dieses Naturzustands in einer Weise, wie es nach ihm niemand mehr getan hat, seine geistigen Erben eingeschlossen. Im *Emile,* seinem berühmten Roman über die ideale Erziehung, gestattet er den Kindern nur die Lektüre eines einzigen Romans, des *Robinson Crusoe,* und zwar deshalb, weil dieses Buch zeigt, wie der Mensch in einer »natürlichen Umgebung« leben und sie beherrschen kann. Rousseaus fasziniertes Interesse für den Naturzustand und seine damit in Einklang stehende Verachtung für die »Werte der Zivilisation« lenkten das Augenmerk der Öffentlichkeit wie nie zuvor auf die kindlichen Eigenschaften der Spontaneität, Lauterkeit, Stärke und Freude, alles Charakterzüge, die man im Laufe der Zeit immer mehr umhegte und geradezu verherrlichte. Die großen Künstler der Romantik versäumten es nicht, die kindliche Lebensfreude als Thema aufzugreifen. Die Dichtung von Wordsworth schildert die Erwachsenen als »gefallene Kinder« und feiert Unschuld und Natürlichkeit der Kinder. Wagners *Siegfried* wird häufig als die eindrucksvollste Darstellung der Vorzüge des Jünglingsalters beschworen, so z. B. von Ariès.[11] Und im 18. Jahrhundert malte Gainsborough das romantischste und bezauberndste Bild eines Jünglings, das je geschaffen wurde, seinen *Blue Boy.* Als die Idee der Kindheit ins 19. und dann ins 20. Jahrhundert vordrang und auch jenseits des Atlantiks, in der Neuen Welt Fuß faßte, da setzte sie sich aus zwei geistigen Komponenten zusammen. Wir können sie als die Lockesche oder protestantische und die Rousseausche oder romantische Auffassung der Kindheit bezeichnen. Der protestantischen Anschauung zufolge war das Kind ein ungeformtes Geschöpf, das mit Hilfe von Schreiben und Lesen sowie Bildung, Verstand, Selbstbeherrschung und Schamgefühl zu einem zivilisierten Erwachsenen gemacht werden sollte. Der romantischen Anschauung zufolge war nicht das ungeformte Kind das Problem, sondern der deformierte Erwachsene. Das Kind besitzt Aufrichtigkeit, Verständnis, Neugier und Spontaneität, die durch Schriftbeherrschung, Bildung, Verstand, Selbstbeherrschung und Schamgefühl schließlich abgetötet werden.
Am deutlichsten tritt der Unterschied zwischen diesen beiden Auffassungen zutage, wenn man die entgegengesetzten Meta-

phern betrachtet, mit denen Locke und Rousseau die Kindheit versinnbildlichen. Ich glaube, man hat bisher kaum bemerkt, wie genau Lockes Bild vom Geist als einer Tafel den Zusammenhang zwischen Kindheit und Buchdruck veranschaulicht. Nach dieser Vorstellung ist das Kind ein unvollständiges Buch, das in dem Maße der Vollendung entgegengeht, wie die Seiten nach und nach gefüllt werden. Dieser Vorgang hat nichts »Natürliches« oder Biologisches an sich; es handelt sich um einen Prozeß der symbolischen Entwicklung – folgerichtig, gegliedert, an Sprache orientiert. Für Locke wie für die meisten Denker des 18. Jahrhunderts waren Analphabetismus und Kindheit untrennbar miteinander verknüpft, und Erwachsenheit wurde definiert als vollkommene Sprach- und Schriftbeherrschung.

Dagegen argumentierte Rousseau im *Emile*: »Pflanzen werden durch Kultivierung verbessert, der Mensch durch Erziehung.« Hier erscheint das Kind als wilde Pflanze, die durch Bücherwissen kaum zu verbessern ist. Ihr Wachstum ist organisch und natürlich; es kommt allein darauf an, die Kindheit nicht durch krankhafte Einflüsse zu ersticken. Für Rousseau war Erziehung vor allem ein Subtraktionsprozeß, für Locke war sie ein Additionsvorgang. Doch bei allen Unterschieden ist beiden Metaphern eines gemeinsam: die Sorge um die Zukunft. Locke wünschte, aus der Erziehung möge ein vielseitiges, gedankenreiches Buch hervorgehen; Rousseau hatte den Wunsch, aus der Erziehung möge eine gesunde Pflanze hervorgehen. Es ist wichtig, dies in Erinnerung zu behalten, denn in den Metaphern, mit denen man heutzutage die Kindheit veranschaulicht, geht jene Sorge um die Zukunft zusehends verloren. Weder Locke noch Rousseau wären je auf den Gedanken gekommen, daß es Kindheit ohne zukunftsorientierte Anleitung durch Erwachsene geben könnte.

In Amerika dominierte natürlich für den größten Teil des 19. Jahrhunderts die protestantische Auffassung, auch wenn die romantische nie völlig fehlte. Wir dürfen wohl auch sagen, daß das bedeutendste Buch Amerikas, *Die Abenteuer des Huckleberry Finn* von Mark Twain, trotz des nicht ganz eindeutigen Schlusses für die romantische Auffassung Partei ergreift. Offensichtlich wendet sich Twain gegen die Annahme, Kinder seien in einem anderen als nur oberflächlichen Sinne ungeformt. Und er macht sich über die Behauptung lustig, ihr Charakter ließe sich durch die »Werte« der Gesellschaft erheblich bessern. Hucks angeborene Aufrichtigkeit, sein Sinn für Würde, seine Findigkeit und seine seelische Kraft, sein bloßes *Interesse* am Leben – all dies spricht für die romantische Auffassung der Kindheit und entsprach einer in der Zeit des Bürgerkriegs einsetzenden Tendenz zur Neubestimmung des Wesens der Kindheit. Wie Lawrence Cremin in *The Transformation of the School* gezeigt hat, reichen die Anfänge der fortschrittlichen Erziehungsbewegung in diese Zeit zurück. Im Jahre 1857 z. B. wurde jene Institution gegründet, die später unter dem Namen National Education Association bekannt wurde, und 1875 wurde ein Grundsatzprogramm für den New Yorker Kinderschutzbund, die New York Society for the Prevention of Cruelty to Children, verkündet.[12] (Nachdenklich könnte immerhin die kuriose Tatsache stimmen, daß der amerikanische Tierschutzbund fast ein Jahrzehnt früher, nämlich 1866, gegründet worden war.)

Ich möchte hier – trotz Huck Finn – nicht den Eindruck erwecken, als seien die Ideen Lockes von nun an langsam in Mißkredit geraten; das gilt wahrscheinlich nur für die extreme calvinistische Ausformung seiner Anschauungen, der zufolge die Kinder von Natur aus verderbt sind. Die auf Locke zurückgehende Tradition förderte die Bemühungen auf dem Gebiet der Kinderpflege und -erziehung und, vor allem, dem der Spracherziehung. Bis auf den heutigen Tag spiegeln sich in Amerika und ganz Europa die Anschauungen Lockes nicht nur in Schulen wider, sondern in nahezu allen Einrichtungen, die sich um Kinder kümmern. Allerdings scheint man die *Überzeugtheit,* mit der zunächst bestimmte Anschauungen vom Wesen der Kindheit vorgetragen wurden, nach und nach in Frage gestellt zu haben. Lockes Ansicht, Kinder seien ungeformte Erwachsene, die es zu zivilisieren gelte, blieb im großen und ganzen unangefochten, es tauchte jedoch die Frage auf, wie sich dies bewerkstelligen lasse, ohne die von Rousseau und der Romantik geschilderten Vorzüge der Kindheit zu beeinträchtigen. Im Jahre 1890 etwa wurde die Society for the Study of Child Nature gegründet, und zu den Fragen, die man auf ihren Sitzungen erörterte, gehörten auch die folgenden:

Soll man Kinder zu unbedingtem Gehorsam zwingen?
Wie kann man dem Kind die wahre Vorstellung von Eigentum vermitteln?

74

Wieviel Autorität sollen ältere Kinder haben?
Wird die Phantasie des Kindes gehemmt, wenn man es dazu veranlaßt,
sich streng an die Wahrheit zu halten?[13]

Die Menschen, die solche Fragen stellten, waren offensichtlich
keine Schüler Rousseaus; es liegt jedoch ebenso auf der Hand,
daß sie eine Beeinträchtigung des kindlichen Wachstums durch
den Erziehungsprozeß vermeiden wollten; mit anderen Worten,
sie akzeptierten die Vorstellung, daß die Kindheit eine Logik und
eine Psychologik aufweist, die respektiert werden müssen.

So war gegen Ende des 19. Jahrhunderts der Weg für zwei Männer geebnet, deren Werk schließlich die Grundlagen für den theo-
retischen und begrifflichen Rahmen schuf, in dem sich in unserem
Jahrhundert alle Debatten über die Kindheit bewegen. Bemer-
kenswerterweise haben beide Männer ihr jeweils einflußreichstes
Werk im Jahre 1899 publiziert, und jedes von ihnen veranlaßte
nachdenkliche Menschen zu der Frage: Wie können wir die Ansprüche der Zivilisation in ein Gleichgewicht mit den Ansprüchen
der Natur des Kindes bringen? Ich spreche hier von Freuds
Traumdeutung und John Deweys *The School and Society*. Beide
Männer und ihre Werke sind zu bekannt, als daß sie vieler Erläu-
terungen bedürften, aber so viel sei gesagt: zusammengenommen
bezeichnen sie eine Synthese und Zusammenfassung der Geschichte, welche die Kindheit vom 16. bis zum 20. Jahrhundert
gehabt hat.

Aus einem wissenschaftlichen Bezugsrahmen heraus behauptete
Freud als erster, daß der Geist des Kindes sowohl durch eine
unverkennbare Struktur als auch einen spezifischen Gehalt ausgezeichnet ist – daß Kinder z. B. Sexualität kennen und daß sie
von Komplexen und Triebregungen durchdrungen sind. Er behauptete ferner, daß die Kinder, um die Reife des Erwachsenen-
alters zu erreichen, ihre Triebregungen überwinden und sublimie-
ren müssen. Einerseits also widerspricht er Locke und bestätigt
Rousseau: der Geist ist keine Tabula rasa; tatsächlich steht der
Geist des Kindes einem »Naturzustand« nahe; bis zu einem gewissen Grade müssen die Ansprüche der Natur beachtet werden,
sonst kommt es zu einer dauerhaften Schädigung der Persönlichkeit. Andererseits widerspricht Freud Rousseau und bekräftigt
Locke: die frühesten Interaktionen zwischen dem Kind und sei-

nen Eltern bestimmen darüber, zu welcher Art von Erwachsenem das Kind werden wird; durch Vernunft lassen sich die Leidenschaften beherrschen; Zivilisation ist ohne Verdrängung und Sublimierung nicht möglich.

Ähnlich argumentiert Dewey aus einem philosophischen Bezugsrahmen heraus, daß man die psychischen Bedürfnisse des Kindes unter dem Aspekt betrachten muß, was das Kind ist, nicht was es sein wird. Zu Hause und in der Schule müssen die Erwachsenen fragen: Was braucht das Kind *jetzt?* Welches Problem muß es *jetzt* lösen? Nur so wird nach Deweys Ansicht aus dem Kind ein konstruktiver Teilnehmer am gesellschaftlichen Leben der Gemeinschaft. »Wenn wir uns in die wirklichen Triebe und Bedürfnisse der Kindheit hineinversetzen«, schrieb er, »und nichts weiter als ihre volle Bejahung und ihr Wachstum fordern . . ., dann werden sich die Disziplin und die Kultur des Erwachsenenlebens alle zur rechten Zeit einstellen.«[14]

Freud und Dewey zeichneten das Grundmuster der Kindheit nach, das sich seit dem Aufkommen der Druckerpresse herausgebildet hatte: das Kind als Schuljunge oder Schulmädchen, dessen Selbst und dessen Individualität durch Pflege und Erziehung bewahrt werden müssen, dessen Fähigkeiten zur Selbstbeherrschung, zum Aufschub von Befriedigung und zum logischen Denken erweitert und dessen Kenntnis vom Leben von Erwachsenen überwacht werden müssen. Gleichzeitig jedoch begreifen sie, daß das Kind seine eigenen Entwicklungsregeln besitzt und über Charme, Neugier, Ausgelassenheit verfügt, die man nicht unterdrücken darf, weil dann die Gefahr besteht, daß es das reife Erwachsenenalter nie erreicht.

Die gesamte Kinderpsychologie dieses Jahrhunderts – das Werk etwa von Jean Piaget, Harry Stack Sullivan, Karen Horney, Jerome Brunner oder Lawrence Kohlberg – stellt im Grunde genommen nur einen Kommentar zu diesem Grundmuster der Kindheit dar. Niemand hat bestritten, daß Kinder anders sind als Erwachsene. Niemand hat bestritten, daß Kinder die Erwachsenheit *erwerben* müssen. Niemand hat bestritten, daß die Verantwortung für das Heranwachsen der Kinder bei den Erwachsenen liegt. Und niemand hat bestritten, daß der Erwachsene in einem gewissen Sinne am ehesten dort er selbst ist und der Zivilisation am nächsten kommt, wo er sich um Pflege und Erziehung der

Kinder bemüht. Wenn wir sagen, wie wir uns ein Kind (und was aus ihm werden soll) wünschen, dann sagen wir, was wir selbst sind. Man könnte sogar behaupten, daß in der abendländischen Zivilisation die Entwicklung von Einfühlsamkeit und Sensibilität jener Entwicklung gefolgt ist, in deren Verlauf die Idee der Kindheit entstanden ist. Vierhundert Jahre unserer Geschichte widerlegen die Bemerkung von W. C. Fields, wer Kinder hasse, könne nicht ganz schlecht sein. Aber tun wir diesem großen Komiker kein Unrecht. Sein Ausspruch war als Witz gemeint und bezog seine Pointe aus einer boshaften Ironie. Man fragt sich, wie Fields seinen Witz heute formulieren würde, da die Kindheit unter unseren Augen verschwindet.

Teil II

Das Verschwinden der Kindheit

Kapitel 5

Der Anfang vom Ende

In der Zeit zwischen 1850 und 1950 erlebte die Kindheit ihre Hochphase. In Amerika, auf das wir uns im folgenden beschränken müssen, unternahm man erfolgreiche Anstrengungen, alle Kinder aus der Fabrik heraus und in die Schule zu bringen, den Kindern ihre eigene Kleidung, ihr eigenes Mobiliar, ihre eigene Literatur, ihre eigenen Spiele, ihre eigene soziale Welt zu schaffen. In hundert Gesetzen wurden Kinder anders eingestuft und behandelt als Erwachsene; in hundert Sitten und Gepflogenheiten wurde ihnen ein bevorzugter Status eingeräumt und Schutz vor den Unbilden des Erwachsenenlebens gewährt.

In dieser Zeit formte sich das Stereotyp der modernen Familie, und wenn wir die Chronologie von Lloyd deMause zugrunde legen, entwickelten die Eltern in dieser Zeit auch jenen psychischen Mechanismus, der es ihnen ermöglichte, gegenüber ihren Kindern ein hohes Maß an Einfühlung, Güte und Verantwortungsgefühl zu entfalten. Aber deshalb wurde die Kindheit doch nicht zu einer Idylle. Wie jedes Lebensalter war und ist auch die Kindheit erfüllt von Leid und Verwirrung. Um die Jahrhundertwende jedoch galt die Kindheit allgemein als natürliches Anrecht jedes Menschen, als ein Ideal jenseits aller sozialen und ökonomischen Klassenunterschiede. Deshalb war es wohl unvermeidlich, daß man die Kindheit damals biologisch bestimmte und nicht als Produkt der Kultur erkannte. So liegt eine merkwürdige Paradoxie in der Tatsache, daß sich in eben dieser Zeit die symbolische Umwelt, die die Kindheit hervorgebracht hatte, langsam und unmerklich aufzulösen begann.

Wollte man eine einzelne Gestalt als Urheber des anbrechenden »kinderlosen« Zeitalters namhaft machen, dann wohl Professor Samuel Finley Breese Morse von der New York University. Denn Morse war für die Übermittlung der ersten elektronischen Botschaft verantwortlich, die auf diesem Planeten gesendet worden ist. Wie Gutenberg ahnte er kaum, welche Auswirkungen seine Erfindung noch haben sollte, aber es gereicht ihm zur Ehre, daß er seine Ahnungslosigkeit ausdrücklich eingestand, als er seine berühmte erste Kode-Botschaft sendete: »Was hat Gott geschaffen?«[1]

Historisch interessant ist die Tatsache, daß Morses Begeisterung für die Kommunikationsmöglichkeiten der Elektrizität im Jahre 1832 während einer Schiffsreise an Bord der *Sully* geweckt wurde. Dort hörte er zum erstenmal, daß man Elektrizität innerhalb eines Augenblicks durch einen beliebig langen Draht schicken kann, und die Legende berichtet, als er von Bord gegangen sei, habe Morse dem Kapitän gesagt: »Sollten Sie eines Tages etwas über den Telegraphen als neues Weltwunder hören, dann denken Sie daran, daß diese Entdeckung auf dem guten Schiff *Sully* gemacht wurde.«

Während Morse auf der *Sully* unterwegs war, machte Charles Darwin an Bord des Schiffes *Beagle* jene Beobachtungen, die dann zu seinem Werk *Über den Ursprung der Arten* führten. Es ist fast eine Binsenweisheit, daß Darwins Reise, die im Dezember 1831 begann, ein welterschütterndes Ereignis darstellt, insofern sie die Entkräftung theologischer Phantasievorstellungen und ihre Ersetzung durch naturwissenschaftliche Hypothesen zur Folge hatte. Ich will diese Einschätzung zwar nicht bestreiten, möchte aber doch behaupten, daß Morses Reise sehr viel ernstere Folgen für die Kultur hatte als die von Darwin. Darwin entwikkelte Ideen, die einen großen Einfluß auf Gelehrte und Theologen ausübten. Es darf aber bezweifelt werden, daß sich seine Theorie nachhaltig auf das Leben der Menschen auswirkte oder daß sie ihre Institutionen und Denkgewohnheiten stark veränderte. Während ich dies schreibe, haben sich Millionen von Amerikanern zu einem Kampf gegen die dem Denken Darwins zugrunde liegenden Annahmen verbündet. Es geht mir hier nicht darum, daß ihr Kampf jämmerlich und vergeblich ist, sondern darum, daß man offensichtlich leben kann, ohne an die Evolution zu glauben. Aber an der elektromagnetischen Kommunikation und den von ihr geschaffenen Verhältnissen kommt niemand vorbei. Gleichgültig, wo und wie man lebt und was man glaubt – es ist Morse, und nicht Darwin, der uns diktiert, wie wir unseren Alltag zu bewältigen und unser Bewußtsein einzurichten haben. Wir verdanken dies allerdings nicht eigentlich Morse selbst, sondern dem, was Christine Nystrom die »unsichtbare Metaphysik« der Technik genannt hat. Denn zwischen Darwin und Morse gibt es einen wesentlichen Unterschied: Darwin gab uns in Sprache verkörperte Gedanken. Seine Gedanken sind explizit, sie lassen sich diskutieren und bestreiten, und sie sind auch seit den sechziger Jahren des 19. Jahrhunderts immer wieder öffentlich diskutiert worden, in Hörsälen, Klassenzimmern und sogar vor Gericht. Morse dagegen gab uns in Technik verkörperte Gedanken, d. h. sie waren dem Blick entzogen und wurden deshalb niemals diskutiert. Morses Gedanken waren in gewissem Sinne unbestreitbar, weil niemand wußte, daß der elektromagnetischen Kommunikation irgendwelche Gedanken innewohnen. Wie bei Kommunikationstechniken so häufig, sahen die Menschen im Telegraphenapparat nur ein neutrales Vermittlungsinstrument, das von sich aus keiner bestimmten Weltdeutung Vorschub leistete. Man stellte Morse nur die Frage, ob sein Apparat funktionieren würde, wie groß seine Reichweite und wie teuer seine Entwicklung seien.

Wenn ich sage, niemand habe von den Ideen gewußt, die dem Telegraphen innewohnen, dann stimmt das nicht ganz. Henry David Thoreau wußte etwas davon. Jedenfalls darf man es vermuten. Als man ihm nämlich erzählte, mit Hilfe des Telegraphen könne ein Mann im Bundesstaat Maine innerhalb eines Augenblicks eine Botschaft an einen Mann in Texas schicken, soll Thoreau gefragt haben: »Aber was haben die beiden einander zu sagen?« Mit dieser Frage, der niemand ernsthafte Beachtung schenkte, lenkte Thoreau die Aufmerksamkeit auf die psychologische und gesellschaftliche Bedeutung des Telegraphen, insbesondere auf seine Fähigkeit, den Charakter der Mitteilung zu verändern – sie aus einer persönlichen und regionalen in eine unpersönliche globale Nachricht zu verwandeln. Hundertzwanzig Jahre später wendete sich Marshall McLuhan dem von Thoreau aufgeworfenen Problem zu:

»Wenn der Mensch in einer elektronischen Umwelt lebt, wird sein Wesen umgeformt, und seine Identität verschmilzt mit dem kollektiven Ganzen. Er wird zum ›Massenmenschen‹. Der Massenmensch ist ein Phänomen der Geschwindigkeit von Elektrizität und nicht eines der physischen Quantität. Als Phänomen nahm man den Massenmenschen zum erstenmal im Radiozeitalter wahr, aber er war – unbemerkt – schon vorher ins Dasein getreten, nämlich mit dem elektromagnetischen Telegraphen.«[2]

Meiner Ansicht nach hat McLuhan, dieser Meister der Zu- und Überspitzung, in diesem Falle durchaus nicht übertrieben. Der elektromagnetische Telegraph ist das erste Kommunikationsmedium, mit dessen Hilfe eine Botschaft eine höhere Geschwindigkeit erreichen konnte als der menschliche Körper. Er zerbrach die historische Verbindung zwischen Transport und Kommunikation. In der Zeit vor dem Telegraphen konnten alle Botschaften, auch die in schriftlicher Form, nur so schnell übermittelt werden, wie sich der Mensch fortzubewegen vermochte. Der Telegraph nun beseitigte mit einem Schlag Zeit und Raum als Dimensionen menschlicher Kommunikation und entkörperlichte damit die Mitteilung in einem Maße, das weit über die Körperlosigkeit des geschriebenen und des gedruckten Wortes hinausging. Er versetzte uns in eine Welt der Gleichzeitigkeit und Augenblicklichkeit, die den menschlichen Erfahrungsraum sprengte. Damit schaffte er auch Stil und Individualität als Bestandteile von Kommunikation ab. Von Anfang an wurden telegraphische Botschaften in einer rituellen Sprache, einem Niemandsjargon übermittelt, der kaum Platz ließ für individuellen Ausdruck. Ich meine hier gar nicht so sehr die Verwendung des Telegraphen als einer Art Direktbrief, mit dem man Geburtstags- oder Jubiläumsglückwünsche übermitteln kann, obwohl auch diese Verwendungsform des Telegraphen zu einer Erosion der Sprache beitrug. Ich meine vielmehr den vorrangigen Gebrauch des Telegraphen zur Übermittlung und Verteilung von Nachrichten. Der Telegraph brachte die »Nachrichtenindustrie« hervor, indem er die Information aus einem persönlichen Besitz in eine Ware von weltweitem Wert verwandelte. In den vierziger Jahren des 19. Jahrhunderts entwickelten William Swain und Amos Kendall innerhalb der Vereinigten Staaten einen ersten telegraphischen Nachrichtendienst, und in das Jahr 1848 fällt die Gründung von Associated Press.

Indem man das Land mit Telegraphenleitungen überzog, wurde die Information selbst unweigerlich wichtiger als ihre Quelle. Man vergleiche hiermit die alte Tradition, den Boten, der schlechte Nachrichten bringt, zu töten. Sie entspringt der Vorstellung, daß der Sprecher für das, was er sagt, verantwortlich ist, und bezeugt im Grunde eine hohe Achtung vor persönlicher Identität. Infolge des elektromagnetischen Telegraphen jedoch wurden die Nachrichten verdinglicht, ihr Urheber ist ein »es« oder ein »man«: »In den Nachrichten heißt es . . .« oder »Man teilt uns mit . . .« Nach dem Aufkommen des Telegraphen war niemand mehr für die Nachrichten *verantwortlich*. So wie die Zeitung richtete sich auch der Telegraph an die Welt, nicht an die einzelnen. Aber anders als die Zeitung hatte die telegraphische Information keine identifizierbare Quelle. Die Nachrichten kamen – nach einer Formulierung von Edward Epstein – aus dem Nirgendwo. Tatsächlich lautete eine von Morses frühen Demonstrationsbotschaften: »Achtung Universum.« Der Telegraph richtete sich hier gleichsam an den Kosmos. Vielleicht wußte Morse ja doch Bescheid.

Jedenfalls ist die Antwort auf Thoreaus Frage letztlich, daß es gar nicht darauf ankommt, was der Mann in Maine dem Mann in Texas zu sagen hat. Über den Telegraphen »sagen« die Menschen einander nichts, zumindest nicht in dem Sinne, wie Thoreau dieses Wort gebrauchte. Der Telegraph brachte vielmehr eine Welt der anonymen, ihres Kontexts beraubten Information hervor, in der die Unterschiede zwischen Maine und Texas zusehends belangloser wurden. Der Telegraph drängte auch die Geschichte in den Hintergrund und weitete die unmittelbare, simultane Gegenwart aus. Aber vor allem kam mit dem Telegraphen eine Entwicklung in Gang, in deren Verlauf die Informationen außer Kontrolle gerieten. Der Telegraph, der uns Nachrichten aus dem Nirgendwo übermittelte, lieferte uns diese Nachrichten in einem bisher ungekannten Umfang, denn die Quantität der Informationen ist eine Funktion der Geschwindigkeit, mit der sie erzeugt und bewegt werden können. Nachrichten aus dem Nirgendwo – das bedeutet, Nachrichten von überall und über alles und ohne bestimmte Ordnung. Der Telegraph erzeugte ein Publikum und einen Markt nicht einfach für Nachrichten, sondern für aufgesplitterte, zusammenhanglose und im großen und ganzen belanglose

Nachrichten, die bis auf den heutigen Tag das wichtigste Produkt der Nachrichtenindustrie darstellen. Wegen der Schwierigkeiten der Informationsübermittlung wurden die Nachrichten *vor* dem Aufkommen des Telegraphen einer Auslese unterworfen und im Hinblick auf ihre Bedeutung für das Leben der Menschen ausgewählt – hier setzte ja Thoreaus Frage an. *Nach* der Erfindung des Telegraphen wurden die Nachrichten wahllos übermittelt, und sie verloren – zumindest nach den Maßstäben eines Thoreau – ihre Brauchbarkeit. Es ist tatsächlich kaum übertrieben, wenn man behauptet, daß der Telegraph zur Entstehung einer neuen Definition von Intelligenz beigetragen hat, denn im Zuge der Überflutung der Welt mit Informationen gewann die Frage, wieviel man weiß, immer mehr Gewicht gegenüber der anderen Frage, welchen Nutzen man aus seinem Wissen zieht.

All dies war von denkbar größter Bedeutung für die Kindheit. Die Kindheit war, wie ich zu zeigen versucht habe, aus einer Umgebung hervorgegangen, in der unter ausschließlicher Kontrolle der Erwachsenen den Kindern nach und nach eine bestimmte Art von Informationen zugänglich gemacht wurde, und zwar in einer Weise, die sie, wie man annahm, psychisch verarbeiten konnten. Die Aufrechterhaltung der Kindheit war abhängig von den Prinzipien der kontrollierten Wissensvermittlung und des folgerichtigen Lernens. Mit dem Telegraphen setzte nun eine Entwicklung ein, in deren Verlauf dem Elternhaus und der Schule die Kontrolle über die Information entrissen wurde. Damit veränderte sich auch die Art von Informationen, die Kindern zugänglich waren, es veränderten sich ihre Qualität und ihre Quantität, ihre Abfolge und die Bedingungen, unter denen sie wahrgenommen wurden.

Wären die Möglichkeiten der elektronischen Kommunikation mit dem Telegraphen erschöpft gewesen, dann wäre vielleicht die gesellschaftliche und intellektuelle Struktur der Schriftkultur weitgehend intakt geblieben, und zumal die Kindheit wäre kaum berührt worden. Aber der Telegraph bildete ja nur das Vorspiel zu dem, was noch kommen sollte. Zwischen 1850 und 1950 wurde die Kommunikationsstruktur Amerikas durch einen nicht abreißenden Strom neuer Erfindungen – Rotationsdruckpresse, Photokamera, Telephon, Grammophon, Kino, Radio, Fernsehen – aufgelöst und dann auf einer neuen Ebene wiederhergestellt. Ich nenne hier auch die Rotationspresse und die Photokamera, um anzudeuten, daß die elektronischen Medien nicht die einzigen Faktoren waren, die eine neue Symbolwelt hervorbrachten. Parallel zum Aufbau der elektronischen Kommunikation vollzog sich jener Prozeß, den Daniel Boorstin als die »optische Revolution« bezeichnet hat, die Entstehung einer Symbolwelt aus Bildern, Karikaturen, Plakaten und Reklame.[3] Zusammengenommen stellten die elektronische und die optische Revolution eine zwar unkoordinierte, aber mächtige Bedrohung von Sprache und Literalität dar, eine Umschmelzung der Welt der Ideen in eine Welt »lichtgeschwinder« Symbole und Bilder.

Die Reichweite dieser Entwicklung läßt sich kaum überschätzen. Denn während die Übermittlungsgeschwindigkeit die kontrollierte Handhabung von Informationen unmöglich machte, veränderte das in Massenproduktion gefertigte Bild die Form dieser Informationen selbst – vom Diskursiven zum Nicht-Diskursiven, von der Satzform zur Bildform, vom Intellektuellen zum Emotionalen. Sprache ist eine Abstraktion aus der Erfahrung, während Bilder konkrete Darstellungen von Erfahrung sind. Ein Bild mag soviel wert sein wie tausend Worte, aber es ist auf keinen Fall ein *Äquivalent* für tausend oder hundert oder auch nur zwei Worte. Wörter und Bilder gehören unterschiedlichen Diskurssphären an, denn ein Wort ist stets und vor allem eine Idee, sozusagen ein Produkt der Vorstellungskraft. So etwas wie »Katze«, »Arbeit« oder »Wein« existiert nicht in der Natur. Solche Wörter sind Begriffe für Regelmäßigkeiten, die wir in der Natur wahrnehmen. Bilder zeigen keine Begriffe, sie zeigen Dinge. Man kann es nicht oft genug wiederholen: anders als der gesprochene oder geschriebene Satz ist das Bild unwiderlegbar. Es stellt keine Behauptung auf, es verweist nicht auf ein Gegenteil oder die Negation seiner selbst, es muß keinerlei Plausibilitätsregeln und keiner Logik genügen.[4]

In einem gewissen Sinne kann man daher Bilder und andere visuelle Darstellungen (mit einer Formulierung von Reginald Damerall) als »in kognitiver Hinsicht regressiv« bezeichnen, zumindest wenn man sie mit dem gedruckten Wort vergleicht. Dieses fordert vom Leser eine aggressive Reaktion auf seinen »Wahrheitsgehalt«. Vielleicht ist man nicht immer in der Lage, eine solche Prüfung vorzunehmen – aber theoretisch ist sie möglich, sofern man nur über das nötige Wissen oder die nötige Erfahrung verfügt. Bilder hingegen fordern vom Betrachter eine ästhetische Reaktion. Sie sprechen unsere Gefühle, nicht unseren Verstand an. Sie fordern uns auf, zu empfinden, nicht zu denken. Bei seinen Überlegungen zur optischen Revolution hat Rudolf Arnheim deshalb mit prophetischem Blick auf die Bedeutung, die dem Fernsehen im Laufe dieser Umwälzung zukommen würde, davor gewarnt, daß es unser Denken einzuschläfern vermag. ». . . vergessen wir nicht«, so schreibt er,

> »daß der Förderung der Anschauung eine Zurückdrängung des Gesprochenen und Geschriebenen und damit des Denkens entspricht . . . War nicht in vergangenen Zeiten die Unmöglichkeit, die Anschauung zu transportieren und so dem Nebenmenschen direkt zu vermitteln, und der daraus entstandene Zwang zur Mitteilung, zur Sprachbildung, das Haupterziehungsmittel des menschlichen Geistes? Wer beschreiben will, muß aus dem Besonderen das Allgemeine ziehen, Begriffe bilden, vergleichen und denken. Wo aber bloß mit dem Finger gezeigt zu werden braucht, da verstummt der Mund, da hält die schreibende, zeichnende Hand ein, da verkümmert der Geist.«[5]

Diese Beobachtung stammt aus dem Jahre 1935, aus einer Zeit, da sich die durch Bildinformationen bestimmte Umwelt noch gar nicht voll herausgebildet hatte. Fünfundvierzig Jahre später stellt Robert Heilbronner wehmütig fest, daß sich Arnheims Prophezeiung erfüllt hat, wenn er sagt, die Bildreklame sei der destruktivste Einzelfaktor bei der Aushöhlung der Schriftkultur und ihrer Grundlagen.[6] Ähnlich wie Roland Barthes weist er darauf hin, daß das in Massenproduktion gefertigte Bild ein ständiges, alles durchdringendes Moment von Irrationalität in die Welt der Politik und der Wissenschaft eingeführt hat.[7] Im Gefolge der Photographie, dann des Films und schließlich des Fernsehens ist das »Image« eines Politikers wichtiger geworden als seine Pläne und das »Image« eines Produkts wichtiger als seine Brauchbarkeit. Mit diesen Feststellungen geben Arnheim, Heilbronner und Barthes implizit einen Hinweis darauf, wie die optische Revolution auch zu einer radikalen Veränderung des Status der Kindheit beigetragen hat. Denn sie sprechen vom Entstehen einer Symbolwelt, die den sozialen und intellektuellen Hierarchien, die Kindheit erst möglich machen, keine Stütze mehr bieten kann.

Bevor ich den Wandel, der sich hier vollzieht, im einzelnen erörtere, möchte ich noch einmal auf die Paradoxie der Situation aufmerksam machen: In der Zeit zwischen 1850 und 1950 wurden immense Anstrengungen unternommen, um in Amerika eine literale Kultur zu schaffen und die Werte einer an der Schrift und am Buch orientierten Mentalität zu propagieren. Aber genau zur gleichen Zeit bildeten die Elektrizitätsgeschwindigkeit und das massenhaft produzierte Bild eine Allianz, um diese Anstrengungen und die aus ihnen resultierende Mentalität zu untergraben.

Etwa um das Jahr 1950 wurde die Konkurrenz zwischen diesen beiden Symbolwelten sichtbar, und die Paradoxie trat deutlich zutage. Wie viele andere gesellschaftliche Kunstprodukte wurde die Kindheit genau in dem Augenblick obsolet, in dem sie als fester Bestandteil der Wirklichkeit wahrgenommen wurde. Ich wähle das Jahr 1950, weil sich um diese Zeit das Fernsehen einen festen Platz in den amerikanischen Haushalten erobert hatte, und das Fernsehen ist dasjenige Medium, in dem die elektronische und die optische Revolution aufeinanderstoßen. Daher läßt sich am Fernsehen besonders deutlich erkennen, wie und warum die historische Grundlage, auf der die Trennung zwischen Kindheit und Erwachsenenalter beruht, nach und nach verfällt.

Die Zeit, in der wir leben, ist erst die Wiegenzeit des Fernsehens. Nach der Erfindung der Druckerpresse dauerte es noch sechzig Jahre, bis die Drucker auf die Idee kamen, die Seiten der Bücher zu numerieren. Wer weiß, was die Zukunft noch alles für das Fernsehen bereithält? Vielleicht werden Menschen, die heute noch gar nicht geboren sind, neuartige, weitreichende Anwendungen für das Fernsehen ersinnen. Aber selbst wenn wir das kommerzielle Fernsehen betrachten, so wie es sich uns heute darstellt, können wir in ihm einigermaßen deutlich das Modell einer im Entstehen begriffenen Sozialstruktur erkennen, die die Kindheit zum Verschwinden bringen muß. Dafür gibt es mehrere Gründe. Einen möchte ich an dieser Stelle erläutern, die anderen sollen in den beiden folgenden Kapiteln bedacht werden.

Der erste Grund betrifft die Zugänglichkeit von Information, die wiederum davon abhängt, in welcher Form Informationen kodiert oder verschlüsselt werden. Der Übergang von der Bilderschrift zum Alphabet vor 3500 Jahren liefert ein gutes Beispiel für das, was ich hier zeigen möchte.[8] Vor der Erfindung des Alphabets mußte ein »Leser«, um eine geschriebene Botschaft deuten zu können, eine riesige Anzahl von Zeichen erlernen. Diese Aufgabe war so mühsam, daß sie nur von wenigen bewältigt werden konnte, und die, denen es gelang, mußten ihr ganzes Leben darauf verwenden. Aber es lohnte sich. Denn dank ihrer exklusiven Fähigkeiten häuften sie eine gewaltige politische und religiöse Macht an, wie es stets der Fall ist, wenn eine bestimmte Gruppe über ein Geheimwissen verfügt, das sie der Masse der Bevölkerung vorenthält. Mit anderen Worten, die Bilderschrift brachte eine ganz bestimmte soziale, politische und religiöse Struktur hervor. Mit dem Aufkommen des Alphabets nun wurde, wie Isaac Taylor in seinem Buch *The History of the Alphabet* feststellt, diese Struktur zerstört.[9] Das »Wissensmonopol« der Priester und Schreiber zerbrach an einem relativ einfachen und findigen Schriftsystem, das die Geheimnisse des geschriebenen Wortes einer großen Zahl von Menschen offenlegte.

Ganz ähnlich begründete die Buchkultur zwischen dem 16. und 20. Jahrhundert ein anderes Wissensmonopol – diesmal eines, das Kinder und Erwachsene voneinander trennte. Ein des Lesens gänzlich kundiger Erwachsener hatte Zugang zu dem gesamten heiligen und profanen Wissen, das in Büchern aufgezeichnet war, zu den vielfältigen Formen der Literatur und zu allen überlieferten Schätzen der menschlichen Erfahrung. Kindern hingegen war dieser Zugang meistenteils versperrt. Gerade deshalb waren sie ja Kinder. Und deshalb auch mußten sie zur Schule gehen.

Unser Alphabet ist gewiß leichter zu erlernen als die Bilderschrift der Sumerer, und deshalb konnten ja auch die meisten Kinder die Erwachsenheit erlangen. Aber auch das phonetische Schreiben und Lesen birgt für den Lernenden Schwierigkeiten in sich, und zwar aus zwei Gründen. Erstens: weil das entwickelte Lesen ein Akt der unmittelbaren Wiedererkennung, d. h. ein unbewußter Reflex ist, muß die Lesefähigkeit in einer Phase erlernt werden, in der der Erwerb der mündlichen Sprache noch in Fluß ist. Menschen, die lesen zu lernen versuchen, nachdem ihre mündliche Sprachentwicklung abgeschlossen ist, werden, wenn überhaupt, nur selten gewandte Leser.[10] Der Leseunterricht muß also in frühen Jahren beginnen, wenn sich die Kinder biologisch noch nicht auf den Zwang zur Reglosigkeit eingestellt haben. Das ist einer der Gründe, warum vielen Kindern das Lesenlernen schwerfällt.

Ein zweiter und weitaus gewichtigerer Grund besteht darin, daß es beim Lesenlernen nicht damit getan ist, zu begreifen, wie man einen bestimmten Kode »knackt«. Mit dem Lesen erlernt man zugleich ein eigentümliches Verhalten, das sich in der Fähigkeit, still zu sitzen, nicht erschöpft. Die Selbstbeherrschung ist eine Herausforderung nicht nur an den Körper, sondern auch an den Verstand. Sätze, Abschnitte und Seiten entbergen sich langsam, in einer bestimmten Abfolge und gemäß einer Logik, die sich durchaus nicht von selbst versteht. Beim Lesen muß man warten, bis man eine Antwort erhält, man muß warten, bis man zu einer Schlußfolgerung gelangt. Und während man wartet, ist man verpflichtet, die Gültigkeit der Sätze zu prüfen – zumindest muß man wissen, wann und unter welchen Bedingungen man das eigene Urteil einmal außer Kraft setzen darf.

Wer lesen lernt, der lernt auch, sich auf die Regeln einer komplexen logischen und rhetorischen Tradition einzulassen, die einen dazu nötigt, die einzelnen Sätze behutsam und gründlich abzuwägen und Bedeutungen ständig zu modifizieren, wenn sich im weiteren Fortgang neue Gesichtspunkte ergeben. Der Leser muß lernen, reflektiert und analytisch vorzugehen, er muß Geduld und Aufnahmebereitschaft entwickeln und sich in einem ständigen Schwebezustand halten, aus dem heraus er nach reiflicher Überlegung auch einmal nein zu einem Text zu sagen vermag. Für das Kind ist es schwierig, sich diese Verhaltensweise anzueignen. Sie muß schrittweise erlernt werden, und deshalb erwartet man von jungen Lesern auch zunächst, daß sie einen Text nacherzählen, nicht daß sie ihn kritisieren. Deshalb erwartet man nicht, daß ein Kind mit acht Jahren die *New York Times* liest, geschweige denn Platons *Staat*. Und deshalb neigen die Erwachsenen seit dem 16. Jahrhundert sehr stark dazu, den Lesestoff der Kinder zu zensieren, wobei sie davon ausgehen, daß die Kinder die »Leserhaltung« noch nicht ausreichend beherrschen, um ihre Gutgläubigkeit gegenüber dem Text, wenn nötig, außer Kraft setzen zu können. (Kindern fällt es anscheinend sehr viel leichter, ihre Zweifelsfähigkeit außer Kraft zu setzen.) Von einigen Ausnahmen abgesehen, wird ein erwachsenes Leseverhalten kaum vor dem vierzehnten oder fünfzehnten Lebensjahr erreicht (und in einigen Fällen natürlich überhaupt nicht). Dabei muß man beachten, daß der schulische Lehrplan selbst immer der strengste und hartnäckigste Ausdruck der von den Erwachsenen ausgeübten Zensur gewesen ist. Man betrachtet die Bücher, die im vierten, siebten oder neunten Schuljahr gelesen werden, nicht allein wegen ihres Wortschatzes und ihrer Syntax als für das jeweilige Alter geeignet, sondern auch deshalb, weil man davon ausgeht, daß sie Informationen, Ideen und Erfahrungen für Schüler des vierten, siebten oder neunten Schuljahrs enthalten. In einer auf dem Buchdruck fußenden Kultur besaß eine solche Annahme eine vernünftige Grundlage, denn trotz ihrer scheinbar leichten Zugänglichkeit waren bis in die heutige Zeit die Beherrschung des gedruckten Wortes und die Ausbildung eines ausgereiften Leseverhaltens so schwierig, daß beides als wirksame Barriere zwischen dem Kind und dem Erwachsenen und sogar zwischen dem Kind und dem Heranwachsenden funktionierte.

Vom Fernsehen jedoch wird dieser Informationshierarchie die Grundlage entzogen. Das Fernsehen ist in erster Linie ein visuelles Medium, was Arnheim schon im Jahre 1935 erfaßte, was aber die Liebhaber von *Sesamstraße* bis heute nicht begriffen haben. Obwohl man im Fernsehen auch Sprache hört und diese mitunter sogar Wichtigkeit erlangt, ist es gleichwohl das Bild, welches das Bewußtsein des Zuschauers beherrscht und die entscheidenden Bedeutungen vermittelt. Um es so einfach wie möglich zu sagen: *Die Menschen sitzen als Zuschauer vor dem Fernseher,* nicht als Leser und auch nicht so sehr als Hörer. Sie sehen fern. Und dies gilt für Erwachsene und Kinder, Intellektuelle und Arbeiter, dumme und kluge Leute gleichermaßen. Und was sie sehen, sind bewegte, ständig wechselnde Bilder – bis zu 1200 verschiedene in einer Stunde. Zu den eher naiven Illusionen über das Fernsehen gehört auch die Auffassung, das begriffliche Niveau von Fernsehsendungen könne stark variieren. Eine solche Variationsbreite ist tatsächlich möglich, wenn man im Fernsehen einen Hörsaal kopiert, wie bei der Sendung *Sunrise Semester,* in der man auf dem Bildschirm nichts weiter sieht als einen »sprechenden Kopf«, der Sätze von sich gibt. Weil es zum Wesen von Sätzen gehört, daß sie wahr oder falsch, kompliziert oder einfach, intelligent oder dumm sein können, kann das begriffliche Niveau von *Sunrise Semester* tatsächlich stark variieren. Aber das Fernsehen wird nur selten in dieser Weise eingesetzt, und zwar aus dem gleichen Grund, aus dem man keinen Jumbo Jet nimmt, wenn man Post von New York nach Newark (oder von Frankfurt nach Wiesbaden) schaffen will: er ist für diese Aufgabe nicht sonderlich geeignet. Bezogen auf unseren Fall: das Fernsehen ist eben kein Hörsaal. Es ist eine Bilderschau, ein bildliches, kein sprachliches Medium. Aus diesem Grund müssen selbst so »intellektuelle« Programme wie *The Ascent of Man* und *Cosmos,* soweit sie bestrebt sind, gute Fernsehsendungen zu sein, ins Zentrum der Aufmerksamkeit das ständig wechselnde Bild stellen. (Deshalb auch – und nicht zufällig – steht in der Sendung *Cosmos* immer wieder die Person von Carl Sagan im Vordergrund.) Man bedenke auch, daß die durchschnittliche Dauer einer Einstellung in einer Fernsehsendung zwischen drei und vier Sekunden und in einem Werbespot zwischen zwei und drei Sekunden beträgt. Fernsehen verlangt also ein direktes Bildererkennen, kein verzögertes, analytisches Entziffern. Es verlangt Zugreifen, nicht Begreifen.

Das Fernsehen bietet eine ziemlich primitive, freilich unwiderstehliche Alternative zur linearen, sequentiellen Logik des gedruckten Wortes und tendiert dazu, die Härten einer an der Schrift orientierten Erziehung irrelevant zu machen. Für Bilder gibt es kein ABC. Um die Bedeutung von Bildern verstehen zu lernen, benötigen wir keinen Unterricht in Grammatik, Rechtschreibung, Logik oder Wortkunde. Wir benötigen nichts, was einer Schulfibel entspräche, keine Hausaufgaben und keine Voraussetzungen schaffende Ausbildung. Das Fernsehen verlangt keine besonderen Fähigkeiten und entwickelt auch keine Fähigkeiten. Damerall schreibt: »Kein Kind und kein Erwachsener wird durch mehr Fernsehen zu einem besseren Fernsehzuschauer. Die erforderlichen Fähigkeiten sind so elementar, daß uns von einem Fall von Fernsehschwäche bisher noch nichts zu Ohren gekommen ist.«[11] Anders als Bücher, die in ihrer lexikalischen und syntaktischen Komplexität deutlich variieren und sich entsprechend den Fähigkeiten des Lesers einstufen lassen, ist das TV-Bild jedem, ungeachtet seines Alters, zugänglich. Untersuchungen von Daniel Anderson und anderen haben ergeben, daß Kinder mit 36 Monaten anfangen, das Geschehen auf dem Bildschirm mit systematischer Aufmerksamkeit zu verfolgen. In diesem Alter haben sie ihre Lieblingssendungen, können Reklamemelodien singen und verlangen nach den Produkten, für die im Fernsehen geworben wird.[12] Aber die Sendungen, die Werbespots und die Produkte sind nicht bloß für Dreijährige da. Dafür gäbe es keinen Grund. Was die symbolische Form angeht, ist *Laverne & Shirley* genauso leicht zu begreifen wie *Sesamstraße,* eine McDonald-Werbung genauso leicht wie ein Werbespot von Xerox. Und deshalb gibt es so etwas wie Kindersendungen im Fernsehen in Wahrheit gar nicht. Alles ist für alle da.

Entscheidend ist, daß das Fernsehen Informationen in einer Form präsentiert, die unterschiedslos jedem zugänglich ist, und das bedeutet, das Fernsehen braucht nicht zwischen den Kategorien »Kind« und »Erwachsener« zu unterscheiden. Ich möchte – falls man mich der Übertreibung verdächtigt – darauf hinweisen, daß an jedem Abend des Jahres annähernd 3 Millionen Kinder (im Alter von zwei bis elf Jahren) zwischen 23 Uhr und 23 Uhr 30 vor dem Fernseher sitzen; zwischen 23 Uhr 30 und Mitternacht sind es 2,1 Millionen, zwischen 0 Uhr 30 und 1 Uhr 1,1 Millionen und zwischen 1 Uhr und 1 Uhr 30 immer noch knapp unter 750 000.[13] Dazu kommt es nicht nur, weil die symbolische Form des Fernsehens keine kognitiven Rätsel aufgibt, sondern auch deshalb, weil man einen Fernsehapparat nicht in einer Schublade verstecken oder auf ein hohes Regal stellen kann, so daß ihn die Kinder nicht erreichen können: seine äußere Gestalt ist nicht zur Exklusivität geschaffen, ebensowenig wie der von ihm veröffentlichte Symbolismus.

Zusammenfassend können wir feststellen, daß das Fernsehen die Trennungslinie zwischen Kindheit und Erwachsenenalter aus drei Gründen verwischt, die alle mit seiner undifferenzierten Zugänglichkeit zusammenhängen: erstens, weil es keiner Unterweisung bedarf, um seine Form zu begreifen; zweitens, weil es weder an das Denken noch an das Verhalten komplexe Anforderungen stellt; drittens, weil es sein Publikum nicht gliedert. Unterstützt von anderen elektronischen, nicht auf dem gedruckten Wort beruhenden Medien, bringt das Fernsehen erneut Kommunikationsverhältnisse hervor, wie sie im 14. und 15. Jahrhundert bestanden haben. Biologisch sind wir alle so ausgestattet, daß wir Bilder sehen und deuten und so viel Sprache hören können, wie erforderlich ist, um diese Bilder in einen Zusammenhang zu

stellen. Die neue, im Entstehen begriffene Medienumwelt be-
liefert jeden gleichzeitig mit derselben Information. Unter den
von mir beschriebenen Bedingungen ist es für die elektronischen
Medien unmöglich, irgendwelche Geheimnisse zu bewahren.
Ohne Geheimnisse aber kann es so etwas wie Kindheit nicht
geben.

Kapitel 6

Das Medium der totalen Enthüllung

Vidal Sassoon, ein bekannter Friseur, hatte eine Zeitlang eine eigene Fernsehsendung – eine Mischung aus Kosmetiktips, Ernährungsratschlägen, Prominentenverehrung und Populärpsychologie. Bei einer dieser Sendungen, kurz vor einer Reklameeinblendung, hatte Sassoon gerade noch Zeit, in die Erkennungsmelodie hinein zu verkünden: »Schalten Sie nicht um. Wir sind gleich wieder da, mit einer phantastischen neuen Diät, und danach einem kurzen Blick auf den Inzest.«

Während ich dies schreibe, hat Phil Donahue eine TV-Show, die fünfmal in der Woche ausgestrahlt wird. Er ist ein ernsthafter, verantwortungsbewußter Mann, der offenbar davon überzeugt ist, daß im Fernsehen jedes Thema »gebracht« werden kann – und gebracht werden sollte. Aber auch, wenn er nicht dieser Überzeugung wäre, würde er es so machen: fünf Sendungen in der Woche, eine Stunde pro Tag, zweiundfünfzig Wochen im Jahr – da kann man es sich kaum leisten, zimperlich oder wählerisch zu sein oder gar altmodische Regungen wie Verlegenheit zu zeigen. Nachdem man das Verteidigungsbudget, die Energiekrise, die Frauenbewegung und die Straßenkriminalität »gebracht« hat, kommt man, ob schnell oder langsam, unweigerlich auch auf den Inzest, die Promiskuität, die Homosexualität, den Sadomasochismus, die Probleme todkranker Menschen und andere Geheimnisse des Erwachsenenlebens zu sprechen. Sogar eine Art von Psycho-Striptease läßt sich »bringen«: Die Stanley-Siegel-Show z. B. umfaßte regelmäßig einen Abschnitt, in dem sich der nervöse Gastgeber auf eine Couch verfügte und von einem Psychologen seine Gefühle gegenüber den Eltern, seine Sexualität und sein gefährdetes Selbstgefühl »analysieren« ließ.

An dieser Stelle müssen wir die Frage, inwiefern das Fernsehen einer Trivialisierung der Kultur Vorschub leistet, beiseite lassen. (Was würde wohl Sophokles von dem Versuch halten, einen »kurzen Blick« auf den Inzest zu werfen? Was würde Freud von der Ausschlachtung der Psychoanalyse für eine Varieténummer halten?) Zunächst müssen wir uns einer anderen Frage zuwenden: Warum zwingt das Fernsehen die gesamte Kultur ins Scheinwerferlicht? Warum werden Dinge wie die Couch des Psychoanalytikers und der Beichtstuhl so unschamhaft in aller Öffentlichkeit aufgebaut?

Die Antwort liegt, wie ich meine, auf der Hand, auch wenn einige, die uns naive Theorien über die Böswilligkeit der Fernsehleute aufdrängen wollen, sie zu verschleiern suchen. Tatsache ist, daß das Fernsehen praktisch rund um die Uhr arbeitet, daß seine äußere Gestalt wie auch seine symbolische Form es unnötig – ja sogar unmöglich – machen, das Fernsehpublikum zu gliedern, und daß es auf ständigen Nachschub von neuen und interessanten Informationen angewiesen ist, um dieses Publikum »anzusprechen« und »bei der Stange zu halten«. Deshalb muß sich das Fernsehen jedes kulturelle Tabu zunutze machen. Ob solche Tabus in einer Talk Show offenbart, zum Thema einer Seifenoper oder sonst einer Fernsehserie gemacht oder in einem Werbespot enthüllt werden, ist dabei ziemlich unerheblich. Das Fernsehen braucht Material, und zwar auf eine andere Weise als die anderen Medien. Das Fernsehen ist nicht nur ein bildliches Medium, es ist auch ein gegenwartszentriertes, mit Lichtgeschwindigkeit operierendes Medium. Es tendiert dazu und macht es sich daher zur Aufgabe, Informationen zu *bewegen,* nicht sie zu sammeln. Es kann nicht bei einem Thema verweilen und es gründlich untersuchen, wozu die statische, lineare Form des Buches sehr gut geeignet ist. Es gibt vielleicht fünfzig Bücher über die Geschichte Argentiniens, fünfhundert über die Kindheit und fünftausend über den amerikanischen Bürgerkrieg. Aber wenn sich das Fernsehen mit einem dieser Themen befaßt, so tut es das einmal und geht dann zum nächsten Gegenstand über. Deshalb ist das Fernsehen zum wichtigsten Erzeuger dessen geworden, was Daniel Boorstin als »Pseudo-Ereignis« bezeichnet. Er versteht darunter Ereignisse, die eigens für den Publikumskonsum inszeniert werden.[1] Die Oscar-Verleihungen, die Miss-America-Wahlen, die alljährliche Preisverleihung der Country Music Association, die »battles« zwischen den Stars der verschiedenen Fernsehstationen, Pressekonferenzen usw. gibt es, weil das Fernsehen – und nicht etwa die Wirklichkeit – sie benötigt. Das Fernsehen berichtet nicht über diese Ereignisse, es stellt sie her. Und das liegt nicht etwa daran, daß die Fernsehleute zu wenig Phantasie hätten, sondern gerade daran, daß sie ihnen reichlich zu Gebote steht. Sie wissen, daß das Fernsehen beim Publikum ein unersättliches Bedürfnis nach Neuigkeiten und öffentlichen Enthüllungen erzeugt und daß die dynamische Bilderwelt des Fernsehens nicht für den Spezialisten, den Forscher oder den, der einer analytischen Tätigkeit nachgehen will, da ist. Als Fernsehzuschauer ist man, um ein Bild von Dorothy Singer, Jerome Singer und Diana Zuckerman zu verwenden, in einer ähnlichen Situation wie jemand, der eine Party besucht, auf der lauter ihm unbekannte Leute herumstehen.[2] Während er sich durch den Raum bewegt, werden ihm alle paar Sekunden neue Gäste vorgestellt. Das bewirkt insgesamt eine gewisse Erregung, am Ende aber kann er sich kaum an die Namen der Leute oder an das, was sie gesagt haben, oder warum sie überhaupt dort waren, erinnern. Und darauf kommt es auch gar nicht an; denn morgen ist wieder eine Party. Man müßte dieses Bild nur dadurch ergänzen, daß man zum erneuten Erscheinen nicht nur durch die Aussicht angeregt wird, neue Gäste kennenzulernen, sondern auch durch die Verheißung, daß jeder Gast ein interessantes Geheimnis offenbaren wird. Mit anderen Worten: Schalten Sie nicht ab. Morgen werfen wir einen kurzen Blick auf den Inzest.

Solange es das jetzige konkurrenzorientierte, kommerzielle Fernsehsystem gibt, wird diese Situation fortdauern. Selbst wenn man morgen sämtliche Fernsehleute und Programmdirektoren entließe und sie beispielsweise durch die Mitglieder der theologischen Fakultät von Harvard ersetzte, würde sich an der Programmgestaltung des Fernsehens auf längere Sicht vermutlich nichts ändern.[3]

Wie die alphabetische Schrift und das gedruckte Wort eröffnet auch das Fernsehen Geheimnisse, macht öffentlich, was zuvor privat war.[4] Aber anders als die Schrift und das Buch hat das

Fernsehen keine Möglichkeit, Dinge zu verschließen. Das große Paradoxon der Literalität bestand darin, daß sie im gleichen Zuge, wie sie Geheimnisse zugänglich machte, dieser Verfügbarkeit ein Hindernis in den Weg legte. Für die Geheimnisse des Buches muß man sich erst *qualifizieren,* indem man sich den Härten der schulischen Erziehung unterwirft. Man muß langsam voranschreiten, folgerichtig und sogar unter mancherlei Kummer, während sich die Fähigkeit zur Selbstbeherrschung und zum begrifflichen Denken nach und nach vertieft und erweitert. Ich erinnere mich noch sehr genau, wie ich als Dreizehnjähriger erfuhr, da gebe es ein Buch von Henry Miller, *Wendekreis des Krebses,* das, so wurde mir versichert, Pflichtlektüre für alle sei, die etwas über die Sexualität erfahren wollten. Aber die Probleme, die ich bewältigen mußte, um es mir zugänglich zu machen, waren immens. Zum einen war es schwer zu finden. Zum anderen kostete es Geld. Und dann mußte es auch noch *gelesen* werden. Deshalb blieb mir vieles darin unverständlich, und selbst die speziellen Abschnitte, auf die ein früherer Leser durch Unterstreichungen umsichtigerweise meine Aufmerksamkeit lenkte, verlangten Vorstellungsleistungen, die ich mit meinen Erfahrungen nicht immer erbringen konnte.

Das Fernsehen dagegen ist eine Technologie des freien Eintritts, die keine praktischen, ökonomischen, wahrnehmungs- oder vorstellungsspezifischen Schranken kennt. Ob sechs oder sechzig Jahre alt – jeder ist gleichermaßen qualifiziert, mitzuerleben, was das Fernsehen anzubieten hat. In diesem Sinne ist Fernsehen das egalitäre Kommunikationsmedium schlechthin und übertrifft darin sogar noch die gesprochene Sprache. Denn wenn wir sprechen, können wir sehr wohl auch flüstern, damit die Kinder etwas nicht hören. Oder wir können Wörter verwenden, die sie nicht verstehen. Das Fernsehen aber kann nicht flüstern, seine Bilder sind konkret und erklären sich von selbst. Die Kinder sehen alles, was es vorführt.

Eine besonders deutlich zutage tretende und überall feststellbare Wirkung dieser Situation besteht darin, daß die Exklusivität des Wissens über den Lauf der Welt und damit einer der Hauptunterschiede zwischen Kindheit und Erwachsenenalter getilgt werden. Diese Wirkung beruht auf einem Grundprinzip sozialer Strukturen – eine soziale Gruppe wird zu einem erheblichen Teil durch die Exklusivität des Wissens bestimmt, das ihren Mitgliedern gemeinsam ist. Wenn jeder wüßte, was Rechtsanwälte wissen, dann gäbe es keine Rechtsanwälte. Wenn Schüler wüßten, was ihre Lehrer wissen, brauchte man zwischen Schülern und Lehrern keinen Unterschied zu machen. Und wenn die Schüler der fünften Klasse wüßten, was die Schüler der achten Klasse wissen, dann hätte es keinen Sinn, überhaupt Klassen zu bilden. G. B. Shaw hat einmal bemerkt, jeder Berufsstand sei eine Verschwörung gegen die Laienschaft. Wir können diesen Gedanken erweitern und feststellen, jede soziale Gruppe ist eine »Verschwörung« gegen jene, die ihr nicht angehören, und zwar dank der Tatsache, daß die Außenstehenden aus diesem oder jenem Grund keinen Zugang zu den Informationen derer haben, die »dazugehören«.

Selbstverständlich beruhen Rollendifferenzierung oder Gruppenidentität nicht in jedem Falle auf dem Zugang zu bestimmten Informationen. Die Zugehörigkeit zum männlichen und zum weiblichen Geschlecht ist biologisch determiniert.[5] Aber in den meisten Fällen wird die soziale Rolle durch die Bedingungen einer bestimmten Informationsumwelt geprägt, und das gilt ganz sicher auch für die soziale Kategorie »Kindheit«. Kinder sind eine Gruppe von Menschen, die von bestimmten Dingen, über die die Erwachsenen Bescheid wissen, keine Ahnung haben. Im Mittelalter gab es keine »Kinder«, weil auch die Erwachsenen keine Möglichkeit hatten, exklusives Wissen zu erlangen. Im Zeitalter Gutenbergs entwickelte sich ein solches Mittel. Im Zeitalter des Fernsehens zerfällt es wieder.

Dies bedeutet mehr, als daß die Kindheit bloß ihre »Unschuld« verloren hätte – ein Ausdruck, der so tut, als hätten die Kinder nur etwas von ihrem Charme eingebüßt. Aus der raschen, egalitären Enthüllung der gesamten Erwachsenenwelt durch die elektronischen Medien ergeben sich jedoch einige schwerwiegende Konsequenzen. Zunächst einmal wird die Idee des Schamgefühls verdünnt und entmystifiziert. Um zu verdeutlichen, was ich hier unter Schamgefühl verstehe, möchte ich an einen Satz von G. K. Chesterton anknüpfen: »Alle gesunden Menschen, in früherer Zeit und heute, in Ost und West, wissen, daß in der Sexualität eine gewisse Raserei liegt, die zu erregen wir uns nicht erlauben dürfen und die stets von einem gewissen Geheimnis und einer

Scheu umgeben sein muß, wenn wir bei gesundem Verstand bleiben wollen.«

Chesterton spricht hier zwar über sexuelle Triebregungen, aber sein Hinweis ist doch von allgemeinerer Bedeutung und stellt, wie ich glaube, eine gute Zusammenfassung der Ansichten von Freud und Elias über den Prozeß der Zivilisation dar. Ohne Kontrolle der Triebregungen und insbesondere der aggressiven und auf direkte Befriedigung zielenden Regungen kann es keine Zivilisation geben. Wir stehen ständig in Gefahr, von Barbarei, Gewalt, Promiskuität, Instinkt und Egoismus überwältigt zu werden. Das Schamgefühl ist ein Mechanismus, mit dem die Barbarei eingedämmt wird, und einen großen Teil seiner Kraft bezieht es, wie Chesterton behauptet, aus dem Geheimnis und der Scheu, mit denen es bestimmte Handlungen umgibt. Zu diesen Handlungen gehören auch bestimmte Gedanken und Worte, die dadurch geheimnisvoll und Scheu einflößend werden, daß sie vor dem Blick der Öffentlichkeit verborgen werden. Indem wir sie verbergen, machen wir sie zu etwas Geheimnisvollem, und indem wir dies tun, regulieren wir sie. In manchen Fällen sind vielleicht sogar Erwachsene außerstande, ihre Kenntnis solcher Geheimnisse voreinander zu offenbaren, und müssen in der Praxis des Psychologen oder im Beichtstuhl nach Erleichterung suchen. In jedem Falle aber ist es nötig, das Ausmaß, in dem Kinder von solchen Dingen Kenntnis erlangen, zu kontrollieren. Seit dem Mittelalter ist die Ansicht allgemein verbreitet, daß gewalttätige, sexuelle und egoistische Strebungen eine besondere Gefahr für die Kinder darstellen, die, wie man annimmt, noch nicht über genügend Selbstbeherrschung verfügen. Deshalb bildete die Einprägung von Schamgefühlen einen bedeutsamen und zugleich heiklen Bestandteil der schulischen und der informellen Erziehung des Kindes. Mit anderen Worten, Kinder bewegen sich in einer Welt voll von rätselhaften, Scheu einflößenden Geheimnissen, einer Welt, die die Erwachsenen den Kindern nach und nach einsichtig machen; und die Erwachsenen lehren sie auch, wie sie das Schamgefühl zu einem Komplex moralischer Verhaltensregeln umformen können. Aus der Sicht der Kinder verleiht das Schamgefühl den Erwachsenen Macht und Autorität. Denn die Erwachsenen wissen – anders als die Kinder –, welche Worte »anstößig« sind und welche Handlungen man den Blicken anderer entziehen soll.

Ich möchte mich in diesem Punkt ganz klar verständlich machen. Ich behaupte nicht, daß der Inhalt des Schamgefühls von der Informationsstruktur einer Gesellschaft hervorgebracht wird. Die Wurzeln des Schamgefühls liegen anderswo, sie reichen tief zurück in die Geschichte und die Ängste eines Volkes und weisen über die Grenzen der Fragestellung des vorliegenden Buches weit hinaus. Ich behaupte allerdings, daß das Schamgefühl als Mittel der sozialen Kontrolle und der Rollendifferenzierung in einer Gesellschaft, die keine Geheimnisse zu wahren vermag, nicht wirksam werden kann. Wenn wir in einer Gesellschaft lebten, in der die Menschen gesetzlich verpflichtet wären, an öffentlichen Badestränden nackt zu erscheinen, würde die Scham, bestimmte Körperteile zu enthüllen, rasch schwinden. Denn Kleidung ist ein Mittel, um ein Geheimnis zu wahren, und wenn uns das Mittel zur Wahrung eines Geheimnisses genommen wird, dann wird uns zugleich das Geheimnis selbst genommen. Und so verschwindet auch das Irritierende am Inzest, an der Gewalt, an der Homosexualität, an der Geisteskrankheit, sobald die Mittel verschwinden, diese Sachverhalte zu bedecken; sobald sie in allen Einzelheiten öffentlich ausgebreitet werden und also jedermann zugänglich sind. Was früher irritierend war, wird nun zu einem »sozialen Problem«, zu einer »politischen Frage« oder einem »psychologischen Phänomen«, aber es büßt notwendigerweise seine Besonderheit und Unfaßbarkeit und auch einen Teil seiner moralischen Kraft ein.

Man würde es sich zu einfach machen, wenn man, wie die Vertreter der »moralischen Mehrheit«, behauptete, eine solche Situation führe unweigerlich zu einem Verfall der Kultur. Unterschiedliche Kulturen bilden unterschiedliche Tabus aus, und was in der einen als befremdlich gilt, erscheint einer anderen oft als willkürlich. Auch haben wir Grund zu der Hoffnung, daß die Verwandlung von befremdlichem Verhalten in »soziale Probleme« oder »alternative Lebensstile«, wie sie durch die Enthüllung in der Öffentlichkeit und eine konsequente »Rationalisierung« bewerkstelligt wird, in einigen wichtigen Fällen einen Sensibilisierungsfortschritt darstellt. Sicherlich ließe sich kaum noch die These vertreten, in einer geordneten Gesellschaft müßten Tod, Geisteskrankheit und Homosexualität dunkle, rätselvolle Geheimnisse bleiben. Und noch weniger vertretbar wäre die These, Erwachsene dürften sich, wenn überhaupt, nur unter den allergrößten Vorbehalten mit diesen Themen beschäftigen. Andererseits aber darf man sich der Einsicht nicht verschließen, daß die vorbehaltlose Offenlegung dieser Themen Gefahren in sich birgt und insbesondere die Zukunft der Kindheit problematisch werden läßt. Denn wenn es keine dunklen, ungreifbaren Geheimnisse mehr gibt, die die Erwachsenen den Kindern zunächst vorenthalten und dann später, wenn sie es für nötig, möglich und angebracht halten, offenbaren, dann wird der Trennungsstrich zwischen Erwachsenen und Kindern außerordentlich dünn. Wir haben es hier gleichsam mit einem faustischen Pakt zu tun, und betrüblicherweise muß man feststellen, daß die einzige Gruppe innerhalb des Gemeinwesens, die dies verstanden hat, jene unaufgeklärte Bewegung ist, die man in Amerika als die »moralische Mehrheit« bezeichnet. Sie nämlich hat die Frage aufgeworfen: Welchen Preis zahlen wir für Offenheit und Freimütigkeit?

Es gibt viele Antworten auf diese Frage, die meisten von ihnen kennen wir nicht. Aber eins ist klar: wenn wir Kindern in großem Umfang Erwachsenenwissen aushändigen, dann kann und wird die Kindheit nicht überleben. Erwachsenheit bedeutet per definitionem, daß die Rätsel gelöst und die Geheimnisse gelüftet sind. Aber wenn die Kinder von Anfang an die Rätsel und Geheimnisse kennen, wie sollen wir sie dann noch von allen anderen unterscheiden?

Parallel zum Verfall des Schamgefühls verlieren auch die Höflichkeitsformen immer mehr an Bedeutung. So wie das Schamgefühl als psychischer Mechanismus die Triebregung bewältigt, so sind die Höflichkeitsformen der äußere soziale Ausdruck für das gleiche Bestreben. Tischsitten, gesittetes Sprachverhalten, Kleidersitten – sie alle sollen offenbaren, in welchem Maße man es gelernt hat, sich zu beherrschen; und gleichzeitig sind sie Mittel, die Selbstbeherrschung einzuüben. Die Gesittung oder die *civilité* nahm, wie schon gesagt, bei der Masse des Volkes erst nach der Erfindung des Buchdrucks eine ausgeprägte Gestalt an, vor allem deshalb, weil die Literalität ein hohes Maß an Selbstbeherrschung und Befriedigungsaufschub sowohl forderte als auch förderte. Gesittung, so könnte man sagen, bildet das soziale Gegenstück zur Literalität. Beide verlangen die Unterwerfung des Körpers unter den Geist. Beide setzen einen ausgedehnten Lernprozeß voraus. Beide gebieten eine intensive Unterweisung durch Erwachsene. So wie die Literalität eine intellektuelle Hierarchie hervorbringt, so erzeugt die Gesittung eine soziale Hierarchie. Kinder müssen die Erwachsenheit erwerben, indem sie sich sowohl Lesen und Schreiben als auch Manieren aneignen. In einer Informationsumwelt aber, in der die Literalität als Metapher für die menschliche Entwicklung nichts mehr taugt, müssen auch die Anstandsformen an Bedeutung verlieren. Die neuen Medien bewirken, daß die Unterschiede zwischen den verschiedenen Altersgruppen überflüssig erscheinen, und arbeiten insofern der Idee einer differenzierten Sozialordnung entgegen.

Man betrachte z. B. den Fall des Sprachverhaltens. Es ist noch nicht lange her, da gebrauchten Erwachsene bestimmte Wörter nicht in Anwesenheit von Kindern, und umgekehrt erwartete man von diesen, daß sie solche Wörter nicht in Anwesenheit von Erwachsenen gebrauchten. Dabei war es unerheblich, ob die Kinder solche Wörter aus anderen Zusammenhängen kannten. Die gesellschaftliche Sitte verlangte, in der Öffentlichkeit den Unterschied zwischen der symbolischen Welt des Erwachsenen und der des Kindes zu wahren. Diese dem Mittelalter unbekannte Gepflogenheit war mehr als bloß eine freundliche soziale Fiktion. In der sprachlichen Zurückhaltung des Erwachsenen spiegelte sich ein soziales Ideal, die Bereitschaft nämlich, Kinder gegenüber der gefühllosen, niedrigen oder zynischen Gesinnung, die in brutaler oder obszöner Sprache so oft anklingt, in Schutz zu nehmen. Und in der Zurückhaltung der Kinder spiegelte sich ein Verständnis für ihren Platz innerhalb der sozialen Ordnung und besonders dafür, daß sie nicht berechtigt waren, derlei Gesinnungen öffentlich zum Ausdruck zu bringen. Verwischen sich die Rollenunterschiede, so wird einer solchen sprachlichen Rücksichtnahme allmählich die Grundlage entzogen. Diese Gepflogenheit ist so rasch verfallen, daß diejenigen, die sie heute noch beachten, als »verschroben« gelten. Wie es scheint, sind wir wieder im 14. Jahrhundert angekommen, als es keine Wörter gab, die man als untauglich für das Ohr des Kindes erachtete.

Aufgrund all dessen wird sowohl der Autorität der Erwachsenen als auch der Neugier der Kinder die Wurzel gezogen. Denn so wie Schamgefühl und Höflichkeit gründen auch diese beiden Verhaltenselemente in der Idee des Geheimnisses. Kinder sind neugierig, weil sie das noch nicht kennen, was es, wie sie vermuten, kennenzulernen gibt; und die Autorität der Erwachsenen rührt zum großen Teil daher, daß sie die Hauptquelle für solches Wissen sind. Das prekäre Gleichgewicht zwischen Autorität und Neugier ist Gegenstand von Margaret Meads wichtigem Buch *Der Konflikt der Generationen,* einer Untersuchung über den *generation gap,* die Kluft zwischen den Generationen. Dort behauptet sie, daß wir uns auf eine Epoche neuer, rasch abwechselnder und frei zugänglicher Informationen zubewegen, in der die Erwachsenen den Jugendlichen nicht mehr als Ratgeber und Lehrer dienen können, so daß es, wie sie schreibt, zu einer »Glaubenskrise« kommt: »Meiner Meinung nach ist diese Glaubenskrise . . . auf die Tatsache zurückzuführen, daß es keine Älteren mehr gibt, die besser als die jungen Menschen selber darüber Bescheid wissen, welche Erfahrungen die Jugend heute macht.«[6]

Wenn Margaret Mead recht hat – wenn also die Älteren als Wissensquelle für die Jungen nicht mehr taugen –, dann hat sie ihrem Buch den falschen Titel gegeben und im Grunde ihr Thema verfehlt. Sie hat nicht die Kluft zwischen den Generationen untersucht, sondern das Verschwinden dieser Kluft. Denn in einer Welt, in der die Älteren nicht über mehr Autorität verfügen als die Jungen, gibt es überhaupt keine Autorität; die Kluft ist geschlossen, und alle gehören der gleichen Generation an. Und obwohl ich die Ansicht von Margaret Mead nicht teile, daß wir bereits den Punkt erreicht haben, an dem »es keine Älteren mehr gibt, die besser als die jungen Menschen selber darüber Bescheid wissen, welche Erfahrungen die Jugend heute macht«, scheint es mir doch offensichtlich, daß die elektronischen Medien aufgrund ihrer schonungslosen Aufdeckung aller Geheimnisse der Kultur eine schwere Herausforderung für die Autorität der Erwachsenen und die Neugier der Kinder darstellen. Margaret Mead schrieb ihr Buch während des Aufstiegs der kurzlebigen, aber von der Öffentlichkeit stark beachteten Gegenkultur-Bewegung. Vielleicht gelangte sie deshalb zu der Auffassung, der Verfall der Erwachsenenautorität tue der kindlichen Neugier keinen Abbruch. Bis zu einem gewissen Grad ist die Neugier ja tatsächlich eine natürliche Anlage des Kindes; aber sie entfaltet sich nur dann, wenn das Kind immer deutlicher erfährt, daß wohlgeordnete Fragen die Macht besitzen, Geheimnisse aufzuschließen. Die Brücke von der

Welt des Bekannten zu der des Unbekannten schlagen das Staunen und die Verwunderung. Staunen jedoch gibt es vor allem dort, wo die Welt des Kindes von der Erwachsenenwelt geschieden ist, wo sich die Kinder durch ihre Fragen den Zugang zur Erwachsenenwelt erst suchen müssen. Wenn die Medien beide Welten miteinander verschmelzen, wenn die vom noch ungelüfteten Geheimnis ausgehende Spannung abnimmt, verändert sich das Staunen selbst. An die Stelle der Neugier tritt Zynismus oder, schlimmer noch, Arroganz. Wir haben dann Kinder, die sich nicht mehr auf die Erwachsenen und deren Wissen verlassen, sondern auf Nachrichten aus dem Nirgendwo. Wir haben Kinder, die Antworten bekommen auf Fragen, die sie nie gestellt haben. Kurzum, wir haben keine Kinder mehr.

Wir müssen im Auge behalten, daß nicht allein das Fernsehen zur Offenlegung der Erwachsenengeheimnisse beiträgt. Wie ich gezeigt habe, setzte der Prozeß, in dessen Verlauf die Information außer Kontrolle geriet und Elternhaus und Schule ihre bestimmende Position bei der Lenkung der kindlichen Entwicklung verloren, mit dem Telegraphen ein und ist durchaus kein neues Problem. Jedes Kommunikationsmedium, das man in eine Steckdose stöpselt, hat seinen Teil dazu beigetragen, die Kinder aus dem Horizont kindlicher Wahrnehmung freizusetzen. Das Kino z. B. spielte eine wesentliche Rolle dabei, Kindern die Sprache und die Strategien der Verliebtheit zu offenbaren; Leser über vierzig können bezeugen, daß der Film sie in die Geheimnisse des Küssens eingeweiht hat. Und heute kann man im Kino noch ganz andere Dinge lernen. Aber das Kino kostet Eintritt, und es ist immerhin möglich, die Kinder fernzuhalten, wenn in den Filmen zuviel sexuelles Wissen, zuviel Gewalt oder zuviel Erwachsenenwahnsinn offenbart wird – außer, natürlich, dann, wenn sie im Fernsehen laufen. Denn beim Fernsehen gibt es keinerlei Beschränkungen, weder ökonomische noch andere, und die gelegentlich an Eltern gerichtete Warnung, eine bestimmte Sendung sei »für Kinder und Jugendliche nicht geeignet«, sorgt nur dafür, daß mehr und nicht weniger Kinder sie sich ansehen. Aber was sehen sie da? Welches sind denn die Geheimnisse, die ihnen dort enthüllt werden?

Da sind zunächst, wie schon gesagt, all jene Dinge, die zum Bereich der Sexualität gehören. Bei der Enthüllung sexueller Geheimnisse hat es das Fernsehen inzwischen fast dahin gebracht, den Begriff der sexuellen Abweichung völlig zu verflüchtigen. Es ist z. B. durchaus üblich geworden, daß man in der Fernsehwerbung zwölf- und dreizehnjährige Mädchen als erotische Objekte vorgeführt bekommt. Vielleicht hat mancher Erwachsene vergessen, daß so etwas früher als psychopathisch galt, und er muß mir einfach glauben, daß es tatsächlich so war. Ich behaupte nicht, daß erwachsene Männer nicht auch in der Vergangenheit schon sexuelles Verlangen nach pubeszenten Mädchen verspürt hätten. Das war durchaus der Fall; wichtig ist aber, daß ihr Wunsch ein zumal vor den Jugendlichen selbst wohlgehütetes Geheimnis blieb. Das Fernsehen nun fördert nicht nur das Geheimnis an den Tag, sondern gibt auch zu verstehen, daß es eine überflüssige Behinderung darstellt und daß »nichts weiter dabei ist«. Mit den Geschlechtsteilen von Kindern zu spielen wird vielleicht eines Tages wieder, wie schon im Mittelalter, nichts weiter als eine derbe Belustigung sein. Und wenn das überspitzt sein sollte, so können wir doch immerhin feststellen, daß der offene, wenn auch symbolische *Gebrauch* von Kindern als »Material« für die Befriedigung der Sexualphantasien von Erwachsenen inzwischen allgemein akzeptiert ist. Beeinflußt durch eine derartige Ausnutzung von Kindern im Fernsehen, hat das Berufungsgericht des Bundesstaates New York 1981 entschieden, daß bei der Mitwirkung an einem pornographischen Film zwischen Kindern und Erwachsenen kein Unterschied gemacht zu werden braucht. Nur wenn der Film als obszön einzustufen ist, kann nach dieser Entscheidung ein Schuldspruch erfolgen. Aber wenn er nicht als obszön zu bewerten ist, dann ist jedes Gesetz, das zwischen der Stellung von Kindern und von Erwachsenen zu unterscheiden versucht, hinfällig.[7] Man kann wohl sagen, daß eine solche Rechtsprechung den Weg ebnet für die fortgesetzte Ausbeutung von Kindern. Andererseits spiegelt sich in ihr lediglich die Realität unserer neuen elektronischen Umwelt. Denn es gibt tatsächlich nur noch sehr wenige Ausdrucksformen menschlicher Sexualität, die das Fernsehen nicht für publizierbar hält, die ihm als Thema einer Sendung oder als Aufhänger für einen Werbespot ungeeignet erscheinen. In Werbefilmen für Intimspray und in Diskussionen über Männer-Striptease, in Sendungen, die sich vorwiegend der Darbietung von nackten Hintern und Brüsten widmen, und in Dokumentarberichten über Partnertausch werden die Geheimnisse in dieser oder jener Weise der Reihe nach ausgebreitet. Gewiß, in manchen Fällen werden Themen wie Inzest, lesbische Liebe oder Untreue mit Ernst und sogar mit Würde dargeboten; aber das ändert nicht viel. Damit die Leser nicht glauben, diese Bemerkungen seien nichts weiter als die Ergüsse eines prüden Gemüts, möchte ich mich hier so klar wie möglich ausdrücken: Es geht mir um den Unterschied zwischen öffentlichem und privatem Wissen und darum, welche Auswirkungen die Abschaffung des privaten Wissens durch die Medien der totalen Enthüllung hat. Die Behauptung, Homosexualität sei vor Gott eine Sünde – meiner Ansicht nach eine gefährliche Vorstellung –, ist nicht dasselbe wie die Behauptung, es gehe etwas verloren, wenn man die Homosexualität den Kindern vor Augen führt. Und die Behauptung, die menschliche Sexualität sei schmutzig und gemein – meiner Ansicht nach ebenfalls eine gefährliche Vorstellung –, ist etwas ganz anderes als die Behauptung, die öffentliche Darbietung der Sexualität beraube sie ihres Geheimnisses und ihrer Würde und verändere Charakter und Bedeutung sowohl der Sexualität als auch der kindlichen Entwicklung.

Ich bin mir durchaus darüber im klaren, daß man mitunter das Wort »Scheinheiligkeit« auf eine Situation anwendet, in der öffentliches und privates Wissen streng auseinandergehalten werden. Aber die vorteilhafte Seite der »Scheinheiligkeit« ist ein gewisser sozialer Idealismus. Im Falle der Kinder z. B. übt man Verschwiegenheit, um ein ungestörtes Wachstum zu gewährleisten. Kindheit, wie wir sie uns als Ideal vorstellen, kann es ohne ein gewisses Maß an »Scheinheiligkeit« nicht geben. Nehmen wir etwa die Gewalt. Es läßt sich nicht bestreiten, daß die Menschen einen ungeheur großen Teil ihrer Zeit und ihrer Kraft darauf verwenden, einander zu verstümmeln und umzubringen. Neben dem Herstellen von Zeichen und Werkzeugen ist das Töten eines unserer auffälligsten Wesensmerkmale. Ich habe einmal überschlagen, daß im Laufe meines Lebens annähernd 75 Millionen Menschen von anderen Menschen getötet worden sind. Und hierbei sind die Tötungen nicht berücksichtigt, die, wie Russell Baker es formuliert, im Namen der »freien Wirtschaft« geschehen, z. B. Verkehrsunfälle, Familientragödien, Raubmorde usw. Ist es scheinheilig, wenn man Kindern dieses Wissen vorenthält? Den Vorwurf der Scheinheiligkeit sollte man sich für passendere Gelegenheiten aufheben. Wir wollen Kindern dieses Wissen vorenthalten, weil zu viel davon in zu frühen Jahren für das Wohlergehen eines noch ungeformten Verstandes höchstwahrscheinlich bedrohlich ist, selbst wenn solches Wissen noch so sehr der Wirklichkeit entspricht. Aufgrund von Erkenntnissen über die kindliche Entwicklung kann man behaupten, es sei für die Kinder notwendig, die Überzeugung zu entwickeln, daß die Erwachsenen ihre gewalttätigen Regungen unter Kontrolle haben und eine einigermaßen klare Vorstellung von Richtig und Falsch besitzen. Aus diesem Glauben heraus können Kinder, wie Bruno Bettelheim gesagt hat, eine positive Einstellung zu sich selbst gewinnen, die ihnen die Kraft gibt, ihren Verstand auszubilden, und dieser wiederum versetzt sie in die Lage, Notlagen zu meistern.[8] C. H. Waddington hat die Hypothese aufgestellt, eine »Komponente der menschlichen Evolution und der Fähigkeit zur Auswahl [bestehe] in der Fähigkeit des Kindes, von älteren Menschen deren Kriterien für Richtig und Falsch unangezweifelt und als von autorisierter Seite gegeben zu übernehmen«.[9] Ohne solche Absicherung würde es dem Kind schwerfallen, Hoffnung, Mut und Disziplin zu entwickeln. Auch wenn es scheinheilig ist, die »Tatsachen« der Gewalttätigkeit und der moralischen Unzulänglichkeit von Erwachsenen vor Kindern zu verbergen, so ist es doch ratsam, so zu verfahren. Scheinheiligkeit im Dienste einer Stärkung der kindlichen Entwicklung ist gewiß keine Untugend.

Damit soll nicht behauptet werden, Kinder müßten vor jeglicher Kenntnis von Gewalt und moralischer Verkommenheit behütet werden. Wie Bettelheim in seinem Buch *Kinder brauchen Märchen* gezeigt hat, liegt die Bedeutung von Märchen gerade darin, daß sie die Existenz des Bösen in einer Form offenbaren, die es den Kindern gestattet, diese Erkenntnis ohne Trauma zu verarbeiten. Möglich ist das nicht allein deshalb, weil der Inhalt der Märchen über Jahrhunderte hinweg organisch gewachsen ist und von den Erwachsenen kontrolliert wird (die etwa die Gewalt abschwächen oder den Ausgang einer Erzählung nach den Bedürfnissen eines bestimmten Kindes verändern können), sondern auch deshalb, weil die psychologische Umgebung, in der die Märchen erzählt werden, ermutigend und beruhigend und insofern therapeutisch ist. Die Gewalt jedoch, die heutzutage das Fernsehen offenbart, wird nicht durch die Stimme der Mutter vermittelt, wird kaum mit Rücksicht auf die Kinder abgeschwächt, und ihrer Präsentation liegt erst recht keine Theorie der kindlichen Entwicklung zugrunde. Sie ist da, weil das Fernsehen Stoff braucht, der hier in unerschöpflicher Vielfalt zur Verfügung steht. Und sie ist da, weil sich das Fernsehen mit allem gleichzeitig an alle wendet, d. h. es ist dem Fernsehen unmöglich, irgendwelche Geheimnisse zu wahren. Und deshalb ist es auch nicht in der Lage, die Kinder vor der direkten, schroffen Enthüllung gnadenloser Gewalt zu schützen.

Dabei muß man bedenken, daß die konventionell stilisierten Morde, Vergewaltigungen und Raubüberfälle, die allwöchentlich in den Fernsehserien und Spielfilmen gezeigt werden, nicht einmal die Hälfte des Problems ausmachen. Immerhin sind sie klar als Fiktion oder Pseudo-Märchen gekennzeichnet, und wir können davon ausgehen (allerdings nicht mit letzter Sicherheit), daß manche Kinder sie nicht als Darstellungen des wirklichen Erwachsenenlebens auffassen. Weitaus beeindruckender sind indes die täglichen Beispiele für Gewalttätigkeit und moralische Verkommenheit, die im Zentrum der TV-Nachrichten-Shows stehen. Sie werden nicht durch den Auftritt wiedererkennbarer, attraktiver Schauspieler und Schauspielerinnen abgemildert. Sie werden dargeboten als der Stoff, aus dem der Alltag gemacht ist. Es sind die wirklichen Morde, die wirklichen Vergewaltigungen, die wirklichen Raubüberfälle. Und daß sie *tatsächlich* der Stoff des wirklichen Lebens sind, macht sie um so eindrucksvoller.

Seit Jahren haben Wissenschaftler immer wieder herauszufinden versucht, wie sich solches Wissen auf die Kinder auswirkt, und dabei lautete ihre Hauptfrage: In welchem Maße regt die häufige, lebendige Darstellung von Gewalt die Kinder selbst zur Gewalttätigkeit an? Gewiß ist diese Frage nicht belanglos, doch sie lenkt von einer anderen wichtigen Frage ab: In welchem Maße unterhöhlt die Darstellung der Welt, *so wie sie ist,* den Glauben des Kindes an die Rationalität der Erwachsenen, an die Möglichkeit einer vernünftigen Weltordnung, an eine hoffnungsvolle Zukunft? In welchem Maße untergräbt sie das Vertrauen des Kindes in die eigene Fähigkeit, gewalttätige Regungen bei sich selbst in Zukunft zu beherrschen?

Das Geheimnis der Gewalt ist Teil eines größeren Geheimnisses, das vom Fernsehen enthüllt wird. Was aus der Sicht des Kindes im

Fernsehen am ehesten auffällt, ist die offenkundige Tatsache, daß die Erwachsenenwelt voller Dummheit, Streit und Kummer ist. Das Fernsehen gestattet, wie es Josh Meyrowitz formuliert hat, den Blick hinter die Kulissen des Erwachsenenlebens. Wissenschaftler haben sich kaum mit der Frage beschäftigt, was es bedeutet, wenn wir Kindern in Form von Fernsehsendungen die Ursachen für Ehekonflikte vorführen, die Notwendigkeit von Lebensversicherungen, die unendlich vielen Möglichkeiten von Mißverständnissen, die anhaltende Unfähigkeit der Politiker oder die zehntausend Leiden und Gebrechen des menschlichen Körpers. Diese Liste, mit deren Fortsetzung man leicht eine ganze Seite füllen könnte, umfaßt zwei Beispiele, die besonders gut veranschaulichen, wie schonungslos das Fernsehen die Geheimnisse des Erwachsenenlebens offenlegt. Das erste – hierüber hat Meyrowitz mit großem Verständnis geschrieben – betrifft die Inkompetenz oder zumindest Verwundbarkeit der Politiker. Auf der Suche nach Stoff, insbesondere solchem, der *human interest* besitzt, hat das Fernsehen im Privatleben der Politiker eine fast unerschöpfliche Quelle gefunden. Nie zuvor haben so viele Menschen soviel über die Frauen, Kinder, Geliebten, Trinkgewohnheiten, sexuellen Vorlieben, Sprachfehler oder Unbeholfenheiten ihrer politischen Führer gewußt. Diejenigen, die zumindest über einen Teil dieses Wissens verfügten, bezogen ihre Informationen aus Zeitungen und Zeitschriften, das heißt, bis zur Einführung des Fernsehens war die dunkle oder private Seite des politischen Lebens im wesentlichen eine Sache der Erwachsenen. Kinder sind keine Zeitungsleser und sind es nie gewesen. Aber sie sind Fernsehzuschauer und deshalb ständig den Berichten über die Schwächen derer ausgesetzt, die ihnen in einer anderen Epoche als relativ fehlerlos erschienen wären. Infolgedessen entwickeln sie Einstellungen, die man als erwachsenengemäß bezeichnen könnte – eine zynische oder gleichgültige Haltung gegenüber Politikern und politischen Vorgängen überhaupt.

Daneben werden die Kinder ständig über die Gebrechen des menschlichen Körpers unterrichtet, ein Thema, das die Erwachsenen früher im allgemeinen zu verheimlichen suchten. Natürlich haben Kinder stets gewußt, daß Menschen krank werden und auf diese oder jene Weise sterben. Aber die Erwachsenen hielten es für ratsam, den Kindern die meisten Einzelheiten vorzuenthalten, bis sie von ihnen nicht mehr überwältigt wurden. Das Fernsehen öffnet auch diese Tür. Zu meiner Erbauung habe ich einmal gezählt, wie viele Krankheiten oder körperliche Leiden an drei aufeinander folgenden Abenden im Fernsehen zur Sprache kamen. Insgesamt fand ich 43 Hinweise auf die Widrigkeiten, denen unser Leib ausgesetzt ist: auf Hämorrhoiden und die leidige Schuppenflechte, auf Neuritis und Neuralgie, Zahn- und Rückenschmerzen, auf Arthritis und Herzleiden, Krebs und künstliche Zähne, auf unreine Haut und Kurzsichtigkeit. Und als sei dies alles noch nicht genug, um das Leben unsicher, wenn nicht gar bedrohlich erscheinen zu lassen, gab es während der gleichen Zeitspanne zwei Hinweise auf die Wasserstoffbombe, eine Diskussion über die Unfähigkeit der Nationen, dem Terrorismus Einhalt zu gebieten, und eine Zusammenfassung der Abscam-Prozesse, in deren Mittelpunkt Korruptionsfälle im Regierungslager standen.

Gewiß habe ich bis hierher den Eindruck erweckt, daß alle Erwachsenengeheimnisse, die das Fernsehen den Kindern aufdeckt, die bedrohliche, düstere, verwirrende Seite des Lebens betreffen. Doch das Fernsehen hat durchaus die Tendenz, diese Dinge in den Vordergrund zu stellen. Wenn der größte Teil seiner Offenbarungen von dieser Art ist, dann deshalb, weil der größte Teil des Erwachsenenlebens so geartet ist, angefüllt mit Krankheit, Gewalttätigkeit, Unfähigkeit und Chaos. Allerdings nicht das ganze Erwachsenenleben. Da ist z. B. das existentielle Vergnügen, Dinge zu kaufen. Das Fernsehen enthüllt den Kindern schon im denkbar frühesten Alter die Freuden des Konsumismus, die Befriedigungen, die einem der Akt des Kaufens gewährt – ob es sich nun um Bohnerwachs oder um Automobile handelt. Man hat Marshall McLuhan einmal gefragt, warum die Nachrichten im Fernsehen stets schlechte Nachrichten seien. Er entgegnete, das sei keineswegs so; die Fernsehreklame bringe die guten Nachrichten. Und so ist es tatsächlich. Es ist tröstlich zu wissen, daß man sich von der täglichen Schufterei durch einen Trip nach Jamaica oder Hawaii erholen kann, daß man seinen Status erhöhen kann, indem man einen Cordoba kauft, daß man eine bessere Hausfrau wird, wenn man ein bestimmtes Waschmittel benutzt, daß man seinen Sex-Appeal mit einem bestimmten Mundwasser steigern kann. Solcher Art sind die Versprechungen der amerikanischen Kultur, und sie verleihen den Motivationen der Erwachsenen eine gewisse Schlüssigkeit. Mit drei Jahren kennen unsere Kinder diese Motivationen, denn das Fernsehen lädt jeden ein, sie sich zu eigen zu machen. Ich behaupte nicht, daß es sich hier um reife Motivationen handelt, und werde im nächsten Kapitel zu zeigen versuchen, wie das Fernsehen jede vernünftige Vorstellung von reifer Erwachsenheit untergräbt. Worauf es hier nur ankommt, ist die Tatsache, daß die »guten Nachrichten« im Fernsehen gute Nachrichten *für Erwachsene* sind, über die freilich die Kinder mit sieben Jahren völlig im Bilde sind.

Ich behaupte auch nicht, daß Kinder in früherer Zeit von der Erwachsenenwelt gar nichts wußten, sondern nur, daß seit dem Mittelalter Kinder noch nie so viel über das Leben der Erwachsenen gewußt haben wie heute. Nicht einmal die zehnjährigen Mädchen, die im 19. Jahrhundert in den englischen Bergwerken arbeiten mußten, wußten ähnlich »gut Bescheid« wie unsere eigenen Kinder. Über die Schrecken ihres Lebens hinaus wußten die Kinder in der Periode der Industriellen Revolution sehr wenig. Doch durch das Wunder der Bilder und der Elektrizität kennen unsere Kinder heute alles, was andere auch kennen – das Gute wie das Böse. Nichts ist rätselhaft, nichts ehrfurchtgebietend, nichts bleibt dem öffentlichen Blick verborgen. Eine allgemein verbreitete Ansicht, die vor allem Fernsehleute gerne ins Feld führen, wenn sie kritisiert werden, hebt gerade hervor, daß die Kinder heute – ungeachtet dessen, was man sonst noch über die Auswirkungen des Fernsehens auf junge Menschen sagen könne – jedenfalls besser informiert seien als Kinder jemals zuvor. Man bedient sich hier zumeist der Metapher, das Fernsehen sei ein Fenster zur Welt. Diese Feststellung ist an sich korrekt. Aber warum man darin ein Zeichen von Fortschritt erkennen soll, ist mir unerfindlich. Was bedeutet es, daß unsere Kinder besser informiert sind als jemals zuvor? Es bedeutet, daß sie zu Erwachsenen geworden sind oder zumindest den Erwachsenen ähnlich geworden sind. Es bedeutet, daß sie aus dem Garten der Kindheit vertrieben werden, indem man ihnen die Frucht des Erwachsenenwissens zugänglich macht.

Kapitel 7

Der Kind-Erwachsene

Es gibt einen häufig gesendeten Werbespot für Ivory-Seife, in dem zwei Frauen auftreten, die uns als Mutter und Tochter vorgestellt werden. Der Zuschauer soll nun raten, wer die Mutter und wer die Tochter ist – beide sehen aus wie Ende zwanzig und sind mehr oder weniger austauschbar. Mir erscheint dieser Werbefilm als ein ungewöhnlich direkter Beleg für die These, daß die Unterschiede zwischen Erwachsenen und Kindern nach und nach erlöschen. Auch viele andere Werbefilme enthalten unausgesprochen die gleiche Botschaft, aber der hier erwähnte Streifen proklamiert ganz ausdrücklich, es gelte in unserer Kultur heute als wünschenswert, daß eine Mutter nicht älter aussieht als ihre Tochter oder daß eine Tochter nicht jünger aussieht als ihre Mutter. Ob man daraus nun den Schluß zieht, daß die Kindheit verschwindet, oder aber den, daß das Erwachsenenalter verschwindet, ist bloß eine Frage der Perspektive. Ohne klare Vorstellung davon, was es bedeutet, Erwachsener zu sein, kann es auch keine klare Vorstellung davon geben, was es bedeutet, Kind zu sein. Den Grundgedanken dieses Buches – daß unsere elektronische Informationsumwelt die Kindheit zum Verschwinden bringt – kann man daher auch so formulieren: unsere elektronische Informationsumwelt bringt die Erwachsenheit ebenfalls zum Verschwinden.

Ich habe mich bemüht darzustellen, daß die moderne Vorstellung von Erwachsenheit zum großen Teil ein Produkt der Druckerpresse ist. Fast alle Merkmale, die wir mit dem Erwachsensein verbinden, werden (und wurden) durch die Anforderungen einer entfalteten Schriftkultur hervorgebracht oder weiterentwickelt: die Fähigkeit zur Selbstbeherrschung und zum Aufschub unmittelbarer Bedürfnisbefriedigung, ein differenziertes Vermögen, begrifflich und logisch zu denken, ein besonderes Interesse sowohl für die historische Kontinuität als auch für die Zukunft, die Wertschätzung von Vernunft und gesellschaftlicher Gliederung. In dem Maße, wie die elektronischen Medien die Schriftbeherrschung an die Peripherie der Kultur drängen und ihren Platz im Zentrum einnehmen, steigen andere Haltungen und Charakterzüge in der Wertschätzung, und eine reduzierte Definition von Erwachsenheit beginnt sich abzuzeichnen. Diese Definition schließt die Kinder nicht mehr aus, und so kommt es zu einer neuen Einteilung der menschlichen Lebensalter. In der Ära des Fernsehens gibt es drei Lebensstufen – am einen Ende das Säuglingsalter, am anderen Ende die Senilität und dazwischen das, was wir als den Kind-Erwachsenen bezeichnen können.

Der Kind-Erwachsene ist ein Mensch, dessen intellektuelle und emotionale Fähigkeiten sich im Laufe seiner Geschichte nicht entfaltet haben und sich insbesondere von denen der Kinder nicht sonderlich abheben. Solche Menschen hat es immer gegeben, doch die Kulturen unterscheiden sich darin, wie weit sie die Entwicklung einer solchen Charakterstruktur begünstigen oder hemmen. Im Mittelalter war der Kind-Erwachsene gleichsam der Regelfall, vor allem, weil es in einer Welt ohne Literalität, ohne Schulen und *civilité* keiner besonderen Disziplin und Unterweisung bedurfte, um erwachsen zu werden. Aus ähnlichen Gründen wird der Kind-Erwachsene auch in unserer Kultur wieder zum Regelfall. Daß dies tatsächlich geschieht, möchte ich im nächsten Kapitel nachweisen; zunächst jedoch will ich darstellen, wie und warum es geschieht.

Eine knappe Antwort auf diese Frage ist in dem bereits Gesagten enthalten. Indem sich der symbolische Schauplatz, auf dem die menschliche Entwicklung vor sich geht, seiner Form und seinem Inhalt nach verändert, und zwar insbesondere in dem Sinne, daß es nicht mehr erforderlich ist, zwischen der Wahrnehmungsfähigkeit von Erwachsenen und der von Kindern zu differenzieren, verschmelzen diese beiden Lebensalter unweigerlich zu einem. So lautet die Theorie. Sie soll im folgenden erläutert werden. Wenn wir untersuchen wollen, wie der moderne Kind-Erwachsene entsteht, bieten sich uns mehrere Anknüpfungspunkte, doch der interessanteste ist unstreitig die Frage, was aus dem politischen Bewußtsein und dem politischen Urteilsvermögen in einer Gesellschaft wird, in der dem Fernsehen die Hauptlast bei der Vermittlung politischer Informationen zufällt. Bevor es das Fernsehen gab, ließen sich Umfang und Art der Informationen über Politiker, die der Öffentlichkeit zugänglich gemacht wurden, relativ leicht kontrollieren. Heute ist dies so schwierig geworden, daß jene, die ein politisches Amt anstreben, »Image-Manager« benötigen, um zu steuern, was das Publikum erfahren soll. Ein wichtiger Grund für diesen Wandel ist schon die bloße Menge der Informationen, die das Fernsehen verbreitet. Aber am wichtigsten ist die Form, in der die Informationen verbreitet werden.

Wie jeder Mensch, so liefern auch unsere Politiker Informationen nicht allein durch gesprochene Sprache, sondern ebenso durch nicht-verbale Mittel, beispielsweise ihre »Ausstrahlung«. Wie sie stehen und lächeln, wohin sie ihren Blick richten, wie sie schwitzen oder Zorn zeigen – all das sagt über sie genausoviel, wie sie selbst uns sagen könnten. Natürlich ist die eigene »Ausstrahlung« viel schwerer zu kontrollieren als das, was man bewußt mitteilt – weshalb denn auch Richard Nixon das Image eines Gebrauchtwagenhändlers so wenig abschütteln konnte wie Gerald Ford das eines Einfaltspinsels. Das Fernsehen ist in großem Umfang für diese Wahrnehmungsraster verantwortlich, weil es gerade das, was die lebenden »Images« auf dem Bildschirm »ausstrahlen«, genau sichtbar macht. Es ist falsch, wenn wir in Amerika weiterhin den Begriff *televison audience*, Fernseh-Hörerschaft, verwenden, ein Terminus, der vom Radio übernommen wurde. Auch dann, wenn das Bild relativ unbewegt ist, wie etwa bei einer Ansprache des Präsidenten, steht es im Mittelpunkt der Aufmerksamkeit des Zuschauers, verlangt danach, gedeutet zu werden, und tritt in eine scharfe Konkurrenz zur gesprochenen Sprache. Wo sich das Fernsehbild, wie es normalerweise der Fall ist, ständig verändert, wird der Zuschauer gänzlich von nicht-verbalen Informationen in Anspruch genommen, wenn nicht gar überwältigt. Das Fernsehen lenkt, um es einfach (und, wie ich fürchte, zum wiederholten Male) zu sagen, die Aufmerksamkeit nicht auf eine Abfolge abstrakter, distanzierter, komplexer Gedanken, sondern auf konkrete, anschauliche, festkonturierte Personen.

Hierdurch nun hat sich die symbolische Form politischer Informationen radikal gewandelt. Im Fernsehzeitalter besteht die politische Urteilsbildung nicht mehr aus der intellektuellen Überprüfung bestimmter Sätze und Argumente, sondern aus der intuitiven, emotionalen Reaktion auf die Totalität eines Bildes. Im Fernsehzeitalter geht es nicht so sehr darum, ob die Leute mit den Ansichten der Politiker übereinstimmen oder anderer Meinung sind, sondern darum, ob ihnen die Politiker sympathisch sind oder nicht. Das Fernsehen führt zu einer Neubestimmung dessen, was man unter einem »vernünftigen politischen Urteil« versteht, indem es aus dieser vormals intellektuellen Anstrengung und Erfahrung eine ästhetische macht. Ein Zehnjähriger, der kaum schreiben und lesen kann, vermag die Informationen, die ein politischer Kandidat »ausstrahlt«, ebenso leicht und rasch zu deuten oder wenigstens zu registrieren wie ein gut informierter Fünfzigjähriger; wahrscheinlich sogar noch besser und schärfer. Aber wie dem auch sei, mit Sprache und Vernunft hat das alles kaum etwas zu tun.

Zu diesem Wandel des politischen Urteilsvermögens kam es nicht erst mit dem Fernsehen. Er zeichnete sich schon im 19. Jahrhundert als Nebenwirkung der optischen Revolution ab. Das Fernsehen allerdings hat diese Entwicklung so sehr beschleunigt, daß man mit Recht behaupten kann, wir seien nun auf eine qualitativ andere Ebene des politischen Bewußtseins abgestiegen. Dieser Abstieg ist vor allem deshalb aufschlußreich, weil sich an ihm zeigen läßt, wie die einem alten Medium innewohnenden Tendenzen mit denen eines neuen Mediums in Konflikt geraten. Als die Verfassung der Vereinigten Staaten zu Papier gebracht wurde, gingen James Madison und seine Mitarbeiter davon aus, daß ein reifer Staatsbürger notwendigerweise auch über ein ziemlich hohes Maß an Literalität und die damit zusammenhängenden analytischen Fähigkeiten verfügte. Aus diesem Grund waren die jungen Menschen, zumeist definiert als diejenigen unter einundzwanzig Jahren, zum Wahlvorgang nicht zugelassen, denn man nahm an, daß die Entfaltung einer differenzierten Literalität ein langwieriges Training erforderte. Diese Annahmen trafen im 18. Jahrhundert auf eine um das gedruckte Wort organisierte Gesellschaft sehr genau zu, in der sich der politische Diskurs vorwiegend in Büchern, Zeitungen, Flugschriften und einer vom Buch stark beeinflußten Redekunst vollzog. Die Politik Amerikas war, wie uns Tocqueville mitteilt, die Politik des gedruckten Worts. Auch andere Grundannahmen haben die Entwicklung des politischen Systems geprägt (etwa solche über Eigentum und Rasse), aber keine war tiefer verwurzelt als die, daß sich Erwachsene und Kinder intellektuell voneinander unterscheiden, daß Erwachsene über Mittel verfügen, um politische Urteile zu fällen, die Jugendlichen nicht zu Gebote stehen. Vielleicht geht es zu weit, wenn man mit George Counts behauptet, die elektronischen Medien hätten die *Bill of Rights* außer Kraft gesetzt, aber es ist jedenfalls offensichtlich, daß sich das politische Urteilsvermögen im Zeitalter des Fernsehens nicht auf die komplexen Fähigkeiten der Schriftbeherrschung stützt, ja diese nicht einmal voraussetzt. Wie viele wahlberechtigte Amerikaner haben jemals etwas von dem *gelesen,* was Ronald Reagan geschrieben hat? Oder was die geschrieben haben, die ihm Ideen zuschanzen? Wie viele waren imstande, den Argumenten zu folgen, die in den Fernsehdiskussionen vor den Präsidentschaftswahlen vorgetragen wurden? Wie viele waren der Ansicht, daß Ronald Reagan Argumente vorbrachte, die Jimmy Carter oder John Anderson nicht widerlegen konnten?

Man braucht diese Fragen nur zu stellen, um sogleich zu erkennen, wie irrelevant sie sind und wie belanglos ideologische Grundsätze, Schlüssigkeit und Überzeugungskraft von Argumenten oder Vertrautheit mit Sprache bei der Beurteilung eines Fernsehbildes sind. Wenn man sagen kann, daß die Ära Andrew Jacksons, der von 1829 bis 1837 Präsident der Vereinigten Staaten war, die Politik der Aristokratie entrissen und in die Hände der Massen gelegt hat, dann kann man mit gleichem Recht behaupten, daß die Ära des Fernsehens dem erwachsenen Verstand die Politik überhaupt entrissen hat. Wie Jackson den gesellschaftlichen Schauplatz der Politik veränderte, so hat das Fernsehen den symbolischen Schauplatz verändert, auf dem Politik ausgedrückt und verstanden wird. Obwohl die Zeitungen dies aus einem berechtigten Eigeninteresse heraus bestreiten, weiß doch jedermann, daß es sich genau so verhält, zumal jene, die auf ein politisches Amt aus sind, und die, die man angeheuert hat, um ihnen zu zeigen, wie man es bekommt.

Wem diese Ausführungen übertrieben scheinen, der schaue sich einmal an, welche Art von Informationen das Fernsehen vermittelt. Wenn wir uns ein Bild von der Beschaffenheit des politischen Bewußtseins machen wollen, müssen wir untersuchen, wie die Informationen beschaffen sind, die dem Bürger zugänglich gemacht werden. Es ist nachgewiesen, daß die meisten Amerikaner ihre Informationen über die Welt hauptsächlich aus dem Fernsehen beziehen, und zwar zu einem erheblichen Teil aus jener Gattung von Sendungen, die man als *television news show,* als Fernsehnachrichten-Show bezeichnet. Was erfahren sie hier? Welcher Art sind die Informationen, die sie empfangen? Welche Einsichten und Erkenntnisse werden ihnen hier zuteil? In welchem Sinne, wenn überhaupt, wird das Publikum hier unterrichtet? In welchem Maße ist die Nachrichten-Show auf den Verstand des Erwachsenen zugeschnitten?

Betrachten wir zunächst den Aufbau einer Fernsehnachrichten-Show, so wie man sie allabendlich in New York, Chicago oder San Francisco verfolgen kann. Am Beginn und am Ende dieser Sendungen steht Musik; auch bei jeder Unterbrechung für Werbespots erklingt Musik. Welchem Zweck dient sie? Dem gleichen wie im Theater oder im Film: sie soll beim Publikum Gefühle erregen, Spannung erzeugen, Erwartungen wecken. Aber zwischen einer Filmmusik und einer Fernsehnachrichten-Musik besteht ein wichtiger funktionaler Unterschied – die Filmmusik variiert entsprechend den Emotionen, die der jeweilige Inhalt einer Szene oder Konstellation hervorruft. Es gibt bedrohliche Musik, fröhliche Musk, romantische Musik und dergleichen mehr. In der Fernsehnachrichten-Show aber wird stets die gleiche Musik gespielt, ob die Hauptstory nun von der Invasion in Afghanistan, der Verabschiedung des Gemeindeetats oder einem spektakulären Footballspiel handelt. Indem die Nachrichten-Show allabendlich die gleiche Musik an den gleichen Stellen zur Untermalung *unterschiedlicher* Ereignisse einsetzt, vermittelt sie bereits eine Botschaft: daß es zwischen Gestern und Heute keine bedeutsamen Unterschiede gibt, daß die gleichen Gefühle, die gestern geweckt wurden, auch heute passen, und daß die Ereignisse des Tages jedenfalls keinen spezifischen Sinn, den es zu ergründen gälte, haben.

Diese Botschaft wird auch durch verschiedene andere Momente vermittelt, darunter Schönheit, Tempo und Zusammenhanglosigkeit. Zur Schönheit gibt es nicht viel zu sagen, man braucht nur festzuhalten, daß fast alle Nachrichtensprecher und -sprecherinnen jung und attraktiv sind. Natürlich tendiert das Fernsehen zu einer unwiderstehlichen Bildsprache, und in fast allen Fällen gewinnen daher die Reize des menschlichen Antlitzes die Oberhand über die Möglichkeiten der menschlichen Stimme. Es kommt nicht darauf an, daß ein Nachrichtensprecher die Bedeutung dessen, was er mitteilt, erfaßt; viele von ihnen sind nicht einmal imstande, eine Mimik zu produzieren, die zu den von ihnen gesprochenen Worten paßt. Und einige haben diesen Versuch längst aufgegeben. Wichtig ist, daß den Zuschauern ihre Gesichter gefallen. Um es ganz plump zu sagen: im Fernsehen der Vereinigten Staaten hätte eine sechzigjährige Frau als Nachrichtensprecherin keine Chance. Die Zuschauer würden sich von ihrem Gesicht nicht »fesseln« lassen. Denn auf den Sprecher oder die Sprecherin kommt es an, nicht auf das, was gesprochen wird.

Man nimmt auch an, daß das Publikum von Vielfalt angezogen, von Komplexität dagegen abgestoßen wird, und deshalb werden im Laufe einer typischen 30-Minuten-Show zwischen 15 und 20 verschiedene »Storys« gebracht. Wenn man die Zeit für Werbespots, Ankündigungen der nächsten Storys und die Gags der Nachrichtensprecher abrechnet, ergeben sich durchschnittlich 60 Sekunden für eine Story. In einer zufällig herausgegriffenen WCBS-Show sah das an einem Abend folgendermaßen aus: 264 Sekunden für eine Story über die Bestechlichkeit von Politikern; 37 Sekunden für eine damit zusammenhängende Story über Senator Larry Pressler; 40 Sekunden über den Iran; 22 Sekunden über die Aeroflot; 28 Sekunden über ein Massaker in Afghanistan; 25 Sekunden über Muhammad Ali; 53 Sekunden über eine Gefängnisrevolte in New Mexico; 160 Sekunden über Proteste gegen den Film *Cruising;* 18 Sekunden über die Besitzer der Diskothek »Studio 54«; 18 Sekunden über Suzanne Somers; 16 Sekunden über die Rockettes; 174 Sekunden für eine »Hintergrund«-Studie über Depression (Teil I); 22 Sekunden über Lake Placid; 166 Sekunden für das Basketballspiel St. John's – Louisville; 120 Sekunden für das Wetter; 100 Sekunden für eine Filmkritik.

Diese Art, »Nachrichten« zu definieren, hat zwei bedeutsame Auswirkungen. Erstens macht sie es schwierig, sich über ein Ereignis Gedanken zu machen; zweitens macht sie es schwierig, gegenüber einem Ereignis Gefühle zu entwickeln. Sich Gedanken machen – das würde bedeuten, Fragen zu stellen: Was bedeutet dieses Ereignis? Was war seine Vorgeschichte? Wo liegen die Ursachen? Wie fügt es sich in das, was ich über die Welt weiß? Mit »Gefühle entwickeln« meine ich die normalen menschlichen Reaktionen auf Mord, Vergewaltigung, Feuer, Bestechung und die allgemeine Selbstzerstörung. Bei einer Untersuchung, die ich vor einiger Zeit durchgeführt habe, konnte ich nur eine einzige Story ermitteln, auf die die Zuschauer mit einem ihnen erinnerlichen Gefühl von Abscheu und Schrecken reagiert hatten: eine Mutter hatte ihr von einem Dämon »besessenes« Baby verbrannt. Ich glaube, es steckt ein tieferer Sinn darin, daß die Nachrichten-Shows häufig 30 bis 45 Sekunden mit Meinungs- und Gefühlsäußerungen von »Leuten auf der Straße« bringen, gleichsam als wollten sie die Zuschauer daran erinnern, daß auch sie im Hinblick auf die einzelnen Storys eigentlich Gefühle und Meinungen entwickeln *müßten*. Ich sehe darin einen Ausdruck von Skrupeln der Produzenten, die sehr genau wissen, daß ihre Shows wenig Raum für solche Reaktionen lassen. In der hier untersuchten WCBS-Show wurden in bezug auf das Massaker in Afghanistan und den Gefängnisaufstand in New Mexico keine Meinungsäußerungen eingeholt. Aber 35 Sekunden standen zur Verfügung, um zu zeigen, was die »Leute auf der Straße« von den Bestechungsvorwürfen gegen Senator Harrison Williams aus New Jersey hielten. Die Leute, die sich äußern konnten, sagten ausnahmslos, sie fänden es »schrecklich«.

Entscheidend ist natürlich, daß Ereignisse im Fernsehen jeglichen historischen oder sonstigen Zusammenhangs beraubt sind und derartig rasch und zerstückelt aufeinander folgen, daß sie über unser Bewußtsein hinwegfluten – das Fernsehen als Narkotikum, das den Verstand ebenso einschläfert wie die Wahrnehmungsfähigkeit. Gewiß, die Musik, die Vorankündigungen (»Und gleich nachher ein Gefangenenaufstand in New Mexico . . .«) und die Interaktionen der Nachrichtensprecher (»Was ist denn in New Jersey los, Jane?«) erzeugen eine Atmosphäre der Erregung, der Spannung, die gelöst werden muß. Aber das ist »Mache«, denn das, was gezeigt wird, ist so komprimiert und hat es so eilig – schon zappelt hinter der Bühne die nächste Story, ganz versessen darauf, ihre 37 Sekunden hinter sich zu bringen –, daß man die

122

Verbindung zwischen der versprochenen Spannung und ihrer Einlösung kaum im Gedächtnis behalten kann. Mit anderen Worten, die Erregung, die eine Fernsehnachrichten-Show auslöst, ist vor allem eine Funktion ihres Tempos, nicht ihrer Substanz, d. h. Erregung über die Bewegung von Informationen, nicht über ihre Bedeutung.

Auch wenn es schwierig ist, angesichts der Nachrichten Gedanken und Gefühle zu entwickeln, darf man doch nicht annehmen, es würde vom Zuschauer gar nicht erwartet, daß er bestimmte Gefühle und Meinungen oder eine bestimmte Vorstellung von der Welt hätte. Wie ich schon gesagt habe, geht diese Vorstellung davon aus, daß die Ereignisse keine tieferen Ursachen und keine Folgen haben und deshalb ohne spezifischen Wert und bedeutungslos sind. Man muß bedenken, daß die Fernsehnachrichten-Shows geradezu surrealistisch sind – zusammenhanglos bis zu dem Punkt, wo sich nichts mehr auf irgend etwas anderes beziehen läßt. Worin besteht etwa der Zusammenhang zwischen der Aeroflot und Suzanne Somers? Zwischen dem »Studio 54« und dem Iran? Zwischen *Cruising* und einem Massaker in Afghanistan? Zwischen bestechlichen Politikern und den Rockettes? Wird irgendeiner dieser Vorfälle weiterverfolgt? Waren sie auch gestern schon aktuell? Warum ist der Iran 40 Sekunden wert und das St.-John's-Spiel 166? Wie gelangt man zu der Entscheidung, daß für Suzanne Somers weniger Zeit zur Verfügung stehen soll als für Muhammad Ali? Und in welchem Verhältnis stehen schließlich die Werbespots zu den anderen Storys? In der WCBS-Show gab es 21 Werbespots, die insgesamt ungefähr zehn Minuten dauerten. Drei von ihnen gingen der Bestechungsstory voran, vier der Gefängnisrevolte in New Mexico, drei dem Spezialreport (Teil I) über Depression. Wie man sich denken kann, waren die Werbefilme optimistisch, versprachen Zufriedenheit, Sicherheit und, in zwei Fällen, erotisches Vergnügen.

Was für ein Bild soll man sich angesichts dieses Neben- und Durcheinanders von der Wirklichkeit machen? Wie soll man die Wichtigkeit von Ereignissen abschätzen? Welche Prinzipien menschlichen Verhaltens werden hier vorgeführt und nach welchen moralischen Maßstäben werden sie beurteilt? Auf all diese Fragen hat die Fernsehnachrichten-Show eine einzige, gleichbleibende Antwort: Ein Sinn für Proportionen läßt sich in der Welt nicht erkennen. Jedes Ereignis steht für sich; Vergangenheit und Geschichte sind belanglos; es gibt keinen Anhaltspunkt dafür, ein Faktum höher zu bewerten als ein anderes. Kurz, die Nachrichten korrespondieren nicht den Rationalitätsansprüchen eines Erwachsenen.

In dem Weltbild, das die Nachrichten zur Schau stellen, gibt es nicht einmal Empfindlichkeit für Widersprüche. Sonst würde man uns nicht den Wohlstand Amerikas feiernde Werbefilme vorführen und dann Bilder von der Verzweiflung und Erniedrigung von Gefängnisinsassen in New Mexico nachreichen. Zumindest ein Augenzwinkern des Nachrichtensprechers hätte man erwarten dürfen, aber der achtete gar nicht auf das, was er sagte.

Eine Fernsehnachrichten-Show ist also genau das, was ihr Name besagt. Eine Show bietet Unterhaltung, setzt eine Kunst- und Phantasiewelt in Szene und produziert ihre Effekte so, daß das Publikum nachher lachend oder weinend oder verblüfft dasitzt. Darauf hat es die Nachrichten-Show abgesehen, und es ist bloßes Marktgeschrei, zu behaupten – wie es die Produzenten anläßlich von Fernsehpreisverleihungen gern tun –, Sinn und Zweck solcher Shows sei es, das Publikum zu unterrichten. Der Effekt ist vielmehr, daß die Idee des *homo politicus* trivialisiert und die Differenz zwischen erwachsenengemäßem und kindgemäßem Begreifen getilgt werden.

Diese Wirkung geht weit über den politischen Bereich hinaus. Eines der Kennzeichen erwachsener Wahrnehmungsfähigkeit ist z. B. das Vermögen, zwischen der Welt des Handels und der Geschäfte einerseits und der spirituellen Welt andererseits zu unterscheiden. Und in den meisten Kulturen ist diese Unterscheidung klar erkennbar. Im Fernsehzeitalter jedoch ist an ihre Stelle ein Chaos getreten – in erheblichem Maße bedingt durch jene allgegenwärtige Kommunikationsform, die wir als Fernsehwerbung bezeichnen. Wie die Nachrichten-Show das politische Urteilsvermögen verändert, so verändert die Fernsehwerbung die Konsumentenhaltung und die Religiosität.

Man hat so viel über die Fernsehreklame und ihre korrumpierenden Auswirkungen und Grundannahmen geschrieben, daß sich darüber kaum noch etwas Neues sagen läßt. Aber einige Sachverhalte sind nicht genügend beachtet worden. Ich meine z. B. den Umstand, daß sie zur Schwächung erwachsener Haltungen beiträgt. Nichts in der Fernsehreklame gebietet, zwischen Erwachsenen und Kindern zu unterscheiden. Fernsehwerbespots machen keine Aussagen, sie überr*reden* nicht; sie verwenden Bilder. Soweit Sprache gebraucht wird, ist sie hoch emotional. Deshalb sind Werbespots einer logischen Analyse nicht zugänglich, sie lassen sich nicht widerlegen und verlangen selbstverständlich auch keine differenzierte Bewertung durch einen Erwachsenen. Seit Beginn der optischen Revolution hat man den *homo oeconomicus* stets für ein irrationales Wesen gehalten, dem man mit Argumenten und verständigen Ausführungen nicht kommen kann. Im Fernsehen freilich wird diese Annahme so sehr ins Extrem getrieben, daß man der dort inszenierten Werbung fast den Vorwurf machen muß, sie hebe die gesamte kapitalistische Ideologie aus den Angeln. Die Fernsehwerbung hat nämlich eine der Grundüberzeugungen des Merkantilismus aufgegeben, der zufolge Käufer und Verkäufer fähig sind, aufgrund rationaler Erwägung ihrer Eigeninteressen ein Geschäft miteinander abzuschließen. Diese Überzeugung ist im Kapitalismus so tief verankert, daß unsere Gesetze den kommerziellen Transaktionen von Kindern sehr enge Grenzen ziehen. Die kapitalistische Ideologie, die selbst stark durch den Aufstieg der Literalität beeinflußt wurde, nimmt an, daß Kinder nicht über die analytischen Fähigkeiten verfügen, einen Kaufgegenstand zu bewerten, und daß Kinder noch nicht imstande sind, rationale Transaktionen zu tätigen. Der Werbespot im Fernsehen aber stellt die Produkte nicht in einer Weise vor, die die analytischen Fähigkeiten des Zuschauers herausfordert oder das, was wir gemeinhin als rationales, reifes Urteil bezeichnen. Dem Verbraucher werden keine Fakten dargeboten, sondern Idole, für die sich Erwachsene und Kinder gleichermaßen begeistern können, ohne sich um Logik und Nachprüfung bemühen zu müssen. Es ist daher irreführend, wenn man den Fernsehwerbefilm in Amerika als *commercial* bezeichnet, denn diese *commercials* verschmähen gerade die Rhetorik von Geschäft und Kommerz und halten sich vorwiegend an die Symbole und die Rhetorik der Religion. Ich behaupte sogar, daß man die Werbespots im Fernsehen als eine Form von religiöser Literatur interpretieren kann. Nicht, daß jeder Werbespot einen religiösen Inhalt hätte! Doch so wie der Pfarrer in der Kirche die Aufmerksamkeit seiner Gemeinde zuweilen auf außerkirchliche Belange lenkt, so gibt es auch Reklamespots, die rein »weltlicher Natur« sind. Jemand hat etwas zu verkaufen; man erfährt, worum es sich handelt, wo man es bekommen kann und was es kostet. Eine solche Werbung mag schreierisch und aggressiv sein, aber sie propagiert keine Doktrin und beschwört keine Theologie.

Die Mehrzahl der wichtigen Werbespots im Fernsehen nimmt jedoch die Form eines religiösen, auf einer kohärenten Theologie errichteten Gleichnisses an. Wie alle religiösen Gleichnisse entfalten sie eine Vorstellung von Sünde, geben Hinweise auf den Weg der Erlösung und eröffnen eine Vision des Himmelreiches. Außerdem deuten sie an, wo die Wurzeln allen Übels liegen und worin die Pflichten des Tugendhaften bestehen.

Betrachten wir etwa das Gleichnis vom Kragenrand. Innerhalb der Fernsehtheologie nimmt es etwa die Stelle ein, die dem Gleichnis vom verlorenen Sohn in der Bibel zukommt, nämlich die eines Archetyps, der die meisten formalen und inhaltlichen Elemente umfaßt, die für seine Gattung typisch sind. Das Gleichnis vom Kragenrand ist kurz, fordert vom Zuschauer nicht mehr als 30 Sekunden Zeit und Aufmerksamkeit. Hierfür gibt es drei naheliegende Gründe. Erstens, es ist kostspielig, im Fernsehen zu predigen. Zweitens, die Aufmerksamkeitsspanne der Gemeinde ist kurz und die Gemeinde anfällig für anderweitige Zerstreuungen. Und drittens, ein Gleichnis braucht nicht ausführlich zu sein; die Tradition schreibt vor, daß seine Erzählstruktur komprimiert, seine Symbole unzweideutig und seine Erklärung bündig sein sollen.

Tatsächlich folgt die Erzählstruktur des Gleichnisses vom Kragenrand den gewohnten Bahnen der Tradition. Die Geschichte hat einen Anfang, ein Mittelstück und ein Ende. Hier eine kurze Beschreibung für die, die sie nicht kennen.

Wir sehen ein Ehepaar in zwangloser Umgebung – einem Restaurant. Die beiden sind offenkundig gern zusammen und fühlen sich sichtlich wohl. Eine Kellnerin nähert sich ihrem Tisch und bemerkt, daß der Mann einen schmutzigen Kragenrand hat; unverwandt blickt sie nach dem Kragen und verkündet dann mit einem höhnischen, von Verachtung zeugenden Grinsen allen in Hörweite Sitzenden, worin das Vergehen des Mannes besteht. Der Mann ist gedemütigt und wirft seiner Frau einen vorwurfsvollen Blick zu. Sie blickt jetzt drein, als ekelte sie sich vor sich selbst, eine Miene, in die sich noch ein Anflug von Selbstmitleid mischt. Das ist der Anfang des Gleichnisses: die Entstehung eines Problems. Im weiteren Verlauf sieht man, wie die Frau zu Hause ein Waschmittel benutzt, das den Schmutz an jedem Männerhemdkragen unfehlbar beseitigt. Stolz zeigt sie ihrem Mann, was sie gerade tut, und er verzeiht ihr mit einem bewundernden Lächeln. Dies ist das Mittelstück des Gleichnisses: die Lösung des Problems. Schließlich sehen wir das Paar noch einmal in einem Restaurant, diesmal jedoch kann ihnen der prüfende, ächtende Blick der Kellnerin nichts anhaben. Hier endet das Gleichnis: mit der Moral, der Erklärung, der Exegese. Wir brauchen daraus nur noch die richtigen Schlüsse zu ziehen.

Bei den Reklamegleichnissen des Fernsehens liegt die Hauptwurzel allen Übels in einer naiven, unwissenden Einstellung zur Technik, in der Ahnungslosigkeit gegenüber den wohltätigen Errungenschaften des industriellen Fortschritts. Sie ist die Hauptquelle allen Leids, aller Beschämung, aller Zwietracht im Leben. Und wie das Gleichnis vom Kragenrand klar erkennen läßt, können einen die Folgen dieser Ahnungslosigkeit jederzeit ereilen, ohne Vorwarnung und mit der ganzen Kraft ihrer zerstörerischen Wirkung.

Diese unberechenbaren Auswirkungen technischer Ahnungslosigkeit und ihre Kraft bilden ein wichtiges Element der Reklametheologie des Fernsehens, denn sie gemahnen die Gemeinde ständig an die eigene Verletzbarkeit. Nie darf man sich der Selbstzufriedenheit oder gar dem Selbstlob überlassen. Der Versuch, ohne die Wohltaten der Technik zu leben, birgt Gefahren in sich, denn für den Wachsamen ist die in diesem Versuch sich bekundende Ahnungslosigkeit jederzeit schmerzlich sichtbar. Dieser Wachsame kann in Gestalt einer Kellnerin, eines Freundes, einer Nachbarin auftreten oder gar als Gespenstererscheinung, sozusagen als heiliger Geist, der wie aus dem Nichts plötzlich in der Küche steht und einem die eigene verbohrte Ahnungslosigkeit aufdeckt.

Die Idee der technischen Ahnungslosigkeit muß hier natürlich sehr weit gefaßt werden und bezieht sich nicht nur auf Waschmittel, Tabletten, Monatsbinden, Autos, Salben und Nahrungsmittel, sondern auch auf technische Einrichtungen wie Sparkassen oder Verkehrsmittel. So kann es z. B. geschehen, daß man in den

Ferien zufällig den Nachbarn über den Weg läuft (in TV-Reklamegleichnissen immer ein Zeichen von Gefahr) und erfährt, daß sie ihr Geld bei einer bestimmten Bank angelegt haben, deren Zinssätze man nicht kannte. Das ist natürlich eine moralische Katastrophe, man steht da wie ein Dummkopf, und der Urlaub ist verdorben.

Aber wie wir am Gleichnis vom Kragenrand schon gesehen haben, gibt es einen Weg der Erlösung. Wenn man ihn beschreitet, muß man allerdings zwei Hindernisse überwinden. *Erstens* muß man sich den Ratschlägen und der Kritik jener öffnen, denen bereits größere Erleuchtung zuteil geworden ist. Im Gleichnis vom Kragenrand kommt der Kellnerin die Funktion des Ratgebers zu, obwohl sie natürlich sehr hart, ja fast unerbittlich auftritt. In anderen Gleichnissen ist der Ratgeber eher sarkastisch als streng. In den meisten aber, etwa in allen Werbespots für Binden, Mundwasser, Schampun und Aspirin, erscheinen die Berater freundlich und sympathisch und sind sich ihrer eigenen Verwundbarkeit in anderen Angelegenheiten durchaus bewußt.

Vom Ahnungslosen wird nun nichts weiter verlangt, als daß er die Unterweisung in dem Geiste annimmt, in dem sie ihm gewährt wird. Damit wird der Gemeinde eine doppelte Lektion erteilt: man soll die Ratschläge nicht nur bereitwillig akzeptieren, man soll sie auch ebenso bereitwillig austeilen. Das Ratgeben ist sozusagen die oberste Pflicht der Frommen. Und die ideale Religionsgemeinschaft könnte man sich als eine Gruppe von Dutzenden von Leuten vorstellen, die untereinander fortwährend Ratschläge über die neuesten technischen Errungenschaften austauschen.

Das *zweite* Hindernis auf dem Weg der Erlösung bildet die eigene Bereitschaft, dem empfangenen Rat entsprechend zu handeln. Wie in der traditionellen christlichen Theologie genügt es nicht, das Evangelium zu hören oder es zu verkünden. Das Verstehen der Botschaft muß in guten Werken zum Ausdruck kommen, also in Handlungen. Im Gleichnis vom Kragenrand handelt die Ehefrau, die zuvor so jämmerlich dastand, sofort, und das Gleichnis schließt damit, daß es der Gemeinde die Wirkung ihres Tuns vorführt.

Im Gleichnis von der Person mit dem Mundgeruch, das in mehreren Versionen umläuft, sehen wir eine Frau, die von den technischen Möglichkeiten zur Behebung ihrer Reizlosigkeit nichts ahnt und nun von einer hilfreichen Zimmergenossin aufgeklärt wird. Die Frau nimmt den Rat unverzüglich an, mit dem Ergebnis, das uns in den letzten fünf Sekunden gezeigt wird: Flitterwochen auf Hawaii. Im Gleichnis vom dummen Geldanleger wird uns ein Mann vorgeführt, der nicht weiß, wie er sein Geld zum Geldverdienen veranlassen kann. Nachdem man ihn aufgeklärt hat, handelt er rasch und wird am Schluß des Gleichnisses mit einem Auto oder einem Trip nach Hawaii oder etwas anderem, das Seelenfrieden zu stiften vermag, belohnt.

Wegen der Kompaktheit der Reklamegleichnisse muß der Schluß, also die letzten fünf Sekunden, einen doppelten Zweck erfüllen. Zunächst einmal liefert er die Moral der Geschichte – wenn man in dieser Weise handelt, wird jenes die Belohnung sein. Aber indem uns das Ergebnis gezeigt wird, führt man uns auch ein Bild des Himmels vor Augen. Gelegentlich dürfen wir auch einen Blick in die Hölle werfen, etwa im Gleichnis von den verlorenen Travellerschecks: technisch Ahnungslose, die auf ewig dazu verdammt sind, in der Fremde, fern der Heimat herumzuirren. Aber häufig wird uns ein Himmel gezeigt, zugänglich und voller Herrlichkeit, ein Himmel im Hier und Jetzt, auf Erden, in Amerika und nicht selten auf Hawaii.

Aber Hawaii ist nur ein zweckdienliches, immer wieder verwendetes Symbol. Der Himmel kann überall Gestalt annehmen und sich auftun. Im Gleichnis von dem Mann, der ständig mit dem Flugzeug unterwegs ist, gelangt der verwirrte Flugreisende in den Himmel, indem er an den Schalter eines Autoverleihs tritt, zu dem ihn ein engelsgleicher Bote geleitet. Der Ausdruck von Ekstase auf dem Gesicht des Mannes verrät, daß er der Transzendenz in diesem Augenblick so nahe ist, wie er es sich nur je erhoffen kann.

»Ekstase« ist hier die zentrale Idee, denn in den Reklamegleichnissen werden die verschiedenen Arten von Ekstase nicht minder detailliert geschildert als in der religiösen Literatur. Gegen Ende des Gleichnisses von den fleckigen Gläsern zeigt sich auf den Gesichtern des Ehemanns und seiner Frau ein ekstatischer Ausdruck, den man unschwer als den himmlischer Glückseligkeit entziffern kann. Selbst in dem Gleichnis vom Hemdkragen, wo wir es auf den ersten Blick mit einer weniger tiefen moralischen Krise als im Gleichnis von den fleckigen Gläsern zu tun haben, begegnet uns reine, ungetrübte Ekstase. Wo aber Ekstase ist, da ist auch der Himmel. Kurzum, der Himmel ist überall, wo wir unsere Seele mit Gott vereinen – und dieser Gott ist natürlich die Technik samt ihren Errungenschaften.

Wann genau die Amerikaner als religiöses Volk ihren traditionellen Gottesglauben durch den Glauben an die veredelnde Kraft der Technik ersetzt haben, läßt sich nicht leicht bestimmen. Die Fernsehwerbung – das muß betont werden – hat diesen Wandel jedenfalls nicht herbeigeführt, doch es ist unverkennbar, daß sie ihn widerspiegelt, dokumentiert und intensiviert und damit zur Schwächung intellektueller Deutungsmuster beiträgt. Infolgedessen verwischt sie auch die Grenze zwischen Erwachsenenalter und Kindheit, denn Kinder haben keinerlei Schwierigkeiten, die Theologie des Fernsehwerbespots zu erfassen, der keine komplexen Anforderungen stellt oder keine existentiellen Konflikte beschreibt. Der Erwachsene, der die dort signalisierte Theologie übernimmt, unterscheidet sich nicht mehr vom Kind.

Es sei noch einmal betont, daß die Politiker, die Reklameexperten und die Fernsehleute, die für den Inhalt der Sendungen zuständig sind, an der kindlichen Innenausstattung des politischen, wirtschaftlichen und religiösen Bewußtseins keine »Schuld« tragen. Sie verwenden das Fernsehen so, wie sie es vorfinden, und ihre Motive sind nicht besser und nicht schlechter als die der Zuschauer. Gewiß, sie machen sich die Mittel des Fernsehens zunutze, aber es ist der Charakter des Mediums und nicht der Charakter seiner Benutzer, der den Kind-Erwachsenen hervorbringt. Man muß sich das ganz klarmachen. Andernfalls könnte man zu der irrigen Annahme gelangen, Erwachsenheit ließe sich dadurch sichern, daß man das Fernsehen »verbessert«. Aber das Fernsehen läßt sich nicht wesentlich verbessern, jedenfalls nicht dort, wo es um seine symbolische Form geht, um den Kontext, in dem es erlebt wird, oder um seinen »lichtgeschwinden« Umgang mit Informationen. Und vor allem ist das Fernsehen kein Buch. und kann weder den gedanklichen Gehalt eines Buches ausdrücken, noch die mit dem Buch verbundenen Verhaltensweisen und sozialen Strukturen unterstützen.

Das Fernsehen hat z. B. keine Möglichkeiten, einen Begriff von Vergangenheit oder Zukunft zu vermitteln. Es ist ein gegenwartszentriertes Medium. Im Fernsehen wird alles so wahrgenommen, als ereigne es sich »jetzt«, weshalb man den Zuschauern *in Worten* mitteilen muß, daß das Videotape, das sie gerade sehen, schon Tage oder Monate zuvor produziert worden ist. Auf diese Weise wird die Gegenwart über die Maßen stilisiert und verstärkt, und man darf wohl vermuten, daß das Fernsehen Erwachsene dazu drängt, das kindliche Streben nach direkter Bedürfnisbefriedigung ebenso wie die kindliche Gleichgültigkeit gegenüber den Folgen von Handlungen als normal hinzunehmen.

Die Umgebung, in der das Fernsehen für gewöhnlich erlebt wird, ist ebenfalls ein wichtiger Faktor. Wie Radio- oder Schallplattenhören ist auch Fernsehen ein eher isolierendes Erlebnis und verlangt vom Zuschauer nicht, daß er bestimmte für das Verhalten in der Öffentlichkeit geltende Regeln einhält. Das Fernsehen verlangt vom Zuschauer nicht einmal Aufmerksamkeit. Insgesamt trägt es also nichts zur Ausbildung eines Bewußtseins von sozialem Zusammenhalt bei.

Aber der wichtigste Aspekt des Fernsehens ist ohne Zweifel der, den ich hier hervorzuheben versucht habe – den größten Teil seiner Inhalte drückt es in Bildern aus, nicht in Sprache. Und deshalb muß es notwendigerweise auf die Exposition, auf den Modus der Erörterung verzichten – zugunsten eines narrativen Modus. Daher rührt die nahezu unerschöpfliche Kraft des Fernsehens, zu unterhalten. Es ist das erste wirkliche Theater der Massen, nicht nur, weil es eine riesige Zahl von Menschen erreicht, sondern auch, weil im Fernsehen fast alles die Form einer Geschichte, einer Story, und nicht eines Arguments oder einer Gedankenfolge annimmt. Politik wird zur Story; Nachrichten werden zur Story; Wirtschaft und Religion werden zur Story. Selbst die Wissenschaft wird zur Story. Deshalb sind Sendungen wie *Cosmos* und *The Ascent of Man* visuell ebenso dynamisch und dramatisch wie alle übrigen; Carl Sagan und Jacob Bronowski werden eben als Persönlichkeiten, als Entertainer und Geschichtenerzähler, umgeben von allerei interessant anzusehenden Dingen, präsentiert und *müssen* so präsentiert werden. Die Kosmologie als Wissenschaft gibt im Fernsehen nichts her, und deshalb besteigt Carl Sagan ein Fahrrad, wenn er uns etwas über sie erzählen will. Auch eine Theorie des Kulturwandels, von der Bronowskis Sendung *The Ascent of Man* eigentlich handeln sollte, läßt sich nicht in eine Fernsehform bringen. Daß in dieser Sendung eine Theorie im

Mittelpunkt stand, hat von hundert Zuschauern nicht einer bemerkt, denn diese Theorie ebenso wie die zu ihrer Stützung angeführten Argumente gingen in einem Geflacker von Kurzzeitbildern unter. Erst als man die Bilder beiseite schob und die Sprache vernehmbar wurde (als nämlich das Skript der Sendung in Buchform erschien), traten Bronowskis Ideen zutage, und man konnte sich ein Urteil über seine fragwürdige Theorie bilden.

Immer wieder hört man von Kritikern die Klage, das Fernsehen appelliere an den »kleinsten gemeinsamen Nenner«. Aber erscheint es überhaupt möglich, daß Fernsehbilder (z. B. Sagan auf dem Fahrrad) ein höheres intellektuelles Niveau erreichen könnten? Der Wissenschaftsautor und Professor für Physik Jeremy Bernstein gibt darauf in seiner Kritik an *Cosmos*[1] gleichsam eine Antwort. Bernstein schlägt vor, bei einer Wissenschaftssendung solle das Bild unbewegt bleiben, der Professor oder die Professorin solle hinter einem Schreibtisch sitzen und sprechen. Wenn ein solcher Vortrag komplexe Tatsachen, Überlegungen und Hypothesen enthält, dann werde die Sendung, wie Bernstein annimmt, die entwickelte Vorstellungskraft anregen. Aber es wäre kein Fernsehen mehr. Es wäre *Sunrise Semester* – das Fernsehen als Kopie des Hörsaals oder des Klassenzimmers, und es ist zweifelhaft, ob diejenigen, die nach einer höheren Bildung streben, sich das lange ansehen würden. Diese Leute gehen in die Hörsäle und Klassenzimmer und holen sich dort, was Professor Bernstein über das Fernsehen zu vermitteln hofft. Vom Fernsehen dagegen erwarten sie etwas ganz anderes, und jene, die die Programme machen, liefern es. Während ich dies schreibe, beginnt WCBS mit einer neuen »Wissenschafts-Show«. Ihr Titel lautet *Walter Cronkite's Universe*. Als gebildeter Erwachsener wäre Professor Bernstein sicherlich der Meinung, daß das Universum durchaus für sich selbst sprechen kann und auf die Reklame und den Beistand von Mr. Cronkite nicht angewiesen ist. WCBS weiß es besser. Denn WCBS weiß, daß das Zeitalter der Erörterung, das mit der Erfindung der Druckerpresse anbrach und den Verstand des erwachsenen Menschen in einer ganz bestimmten Weise geprägt hat, fast vorüber ist. Ihm folgt das narrative Zeitalter, das Zeitalter der Story, oder, um es genauer und anschaulicher zu formulieren, das Zeitalter des Show Business.

Wenn ich vom Zeitalter des Show Business spreche, dann meine ich das nicht metaphorisch. Man darf diesen Ausdruck getrost wörtlich nehmen, allerdings in zwei verschiedenen Bedeutungen. So liegt es im Wesen des Fernsehens, jeden Aspekt des Lebens in ein Show-Business-Format zu bringen. Es gibt ja nicht nur *Walter Cronkite's Universe* (wo ohne weiteres auch Don Rickles auftreten könnte, um sechs Minuten lang Weltraumwitze zu erzählen, oder Lola Falana mit der Titelmelodie aus *Krieg der Sterne*), es gibt auch – im Abonnentenfernsehen – *Rex Humbard and His Family,* der uns eine Botschaft von Gott bringt. Reverend Humbard gehört zu jener Schar von Predigern, die mit ihren Sendungen der Fernsehwerbung beigesprungen sind, um die Infantilisierung der Theologie zu vollenden. Umgeben von Sängern und Sängerinnen, Familienmitgliedern und lauter netten Leuten, sowohl auf der Bühne als auch im Publikum, preisen diese Wanderprediger eine Religion an, die es an Einfalt und Bühnenwirksamkeit mit jeder Varietévorstellung in Las Vegas aufnehmen kann. Da gibt es kein Glaubensdogma, keine Terminologie, keine Logik, keinen Ritus und keine Tradition – nichts, was den Verstand der Zuschauer beanspruchen könnte, von denen vielmehr nur verlangt wird, auf das Charisma des Predigers zu reagieren.

Wie wir festgestellt haben, verlangen auch die Fernsehnachrichten nichts anderes als dies vom Zuschauer. Soeben meldet WNBC, Tom Brokaw sei für mehrere Millionen Dollar mehrere Jahre lang unter Vertrag genommen worden. Um was zu tun? Um Nachrichten vorzulesen. Man ist versucht zu fragen, ob Mr. Brokaw seine Vorstellung nicht mit Gewinn auch in Las Vegas geben könnte: »Tom Brokaw's Welt, mit Don Rickles als Sportredakteur und Lola Falana als Wetterfrau.« Aber das wäre überflüssig, denn im Fersehen erreicht sein Auftritt ein viel größeres Publikum. Das beste Beispiel für eine an dem Weltmodell des Show Business orientierte Sendung ist *Sesamstraße,* das mit viel Beifall begrüßte pädagogische Kinderprogramm. Die Erfinder von *Sesamstraße* sind überzeugt davon, daß Lernen durch Unterhaltung nicht nur nicht behindert wird, daß es sich vielmehr von Unterhaltung gar nicht unterscheiden läßt. Zur Rechtfertigung seiner Erziehungskonzeption hat Jack Blessington, der Direktor der pädagogischen Programme von WCBS, dargelegt, »daß eine Kluft zwischen der persönlichen und der kognitiven Entwicklung der Kinder besteht, mit der die Schule nicht zurechtkommt. Wir leben in einer hochkomplexen, elektronisch ausgerichteten Gesellschaft. Bücher verlangsamen alles«.[2] Ganz recht! Bücher – das bedeutet bedachtsames Denken. Elektronik bedeutet beschleunigtes Denken. Und eine von Jack Blessington offenbar nicht wahrgenommene Folge dieser Tatsache besteht darin, daß das Fernsehen unsere Kultur in ein allgegenwärtiges Las Vegas verwandelt. Die Kluft, von der er spricht, ist der Unterschied zwischen den durch ein diskursives Verfahren unterstützten, verlangsamten Denkprozessen und den flinken Reaktionen, die eine visuell unterhaltsame Show verlangt. Es versteht sich von selbst, daß gerade *Sesamstraße* für die Hauptsendezeit und für Erwachsene wie für Kinder hervorragend geeignet wäre, jedoch nicht wegen der angeblichen Erziehungsfunktion dieses Programms, sondern schlicht deshalb, weil es eine erstklassige Schau ist.

Eine zweite Bedeutung des Ausdrucks »Zeitalter des Show Business« hängt mit der ersten zusammen, bedarf aber einer gesonderten Erläuterung: *the business of TV is to show* – die Aufgabe, die Sache des Fernsehens ist es, sich aller Abstraktion zu entschlagen und die Dinge konkret, anschaulich, bildhaft *vorzuführen*. Und wir können verstehen, warum die Erwachsenheit auch in dieser Hinsicht geschmälert und ausgehöhlt wird. Erinnern wir uns an das, was Lewis Carrolls Alice sagt, bevor ihre Abenteuer beginnen. An einem langweiligen Tag hat sie nichts zu tun und wirft einen Blick in das Buch, das ihre Schwester gerade liest. Aber das Buch enthält nirgends Bilder oder Unterhaltungen, womit Alice Geschichten meint. ». . . und was für einen Zweck haben schließlich Bücher«, so überlegt Alice, »in denen überhaupt keine Bilder und Unterhaltungen vorkommen?« Lewis Carroll will hier offensichtlich darauf hinweisen, daß die bildliche, narrative Darstellungsweise auf einer niedrigeren Komplexitäts- und Reifestufe steht als die erörternde Darstellungsweise. Bilder und Geschichten sind die natürliche Form, in der Kinder die Welt begreifen. Die Erörterung ist eine Sache der Erwachsenen.

Ausgehend von Alices Fragen kann man weitere Fragen stellen: Wie wirkt sich eine von Bildern und Geschichten beherrschte Kultur auf die Erwachsenen aus? Wie wirkt sich ein Medium aus, das sich ganz auf die Gegenwart konzentriert und außerstande ist, die Kontinuität der Zeit zu vermitteln? Wie wirkt sich ein Medium aus, das der Komplexität abschwören und die Persönlichkeit in den Vordergrund rücken muß? Wie wirkt sich ein Medium aus, das stets zu direkter, emotionaler Reaktion auffordert?

Wenn das Medium so allgegenwärtig ist wie das Fernsehen, dann kann man hierauf die folgende Antwort geben: So wie die phonetische Literalität im Athen des 5. vorchristlichen Jahrhunderts die Mentalität der Menschen umgewälzt hat, so wie das Verschwinden der sozialen Literalität im 5. nachchristlichen Jahrhundert zur Entstehung des mittelalterlichen Bewußtseins beigetragen hat, so wie der Buchdruck im 16. Jahrhundert die Komplexität des Denkens erhöht und sogar die Denkinhalte verändert hat, so macht das Fernsehen überflüssig, weiterhin zwischen Kind und Erwachsenem zu unterscheiden. Denn es liegt in seinem Wesen, unterschiedliche Mentalitäten einander anzugleichen. Wenn man von Fernsehsendungen sagt, sie seien auf die Mentalität von Zwölfjährigen zugeschnitten, dann liegt darin ja eine häufig nicht bemerkte Ironie: Fernsehsendungen kann man nämlich gar nicht auf eine andere Mentalität als die von Zwölfjährigen »zuschneiden«. Das Fernsehen ist ein Medium, das aus kaum etwas anderem als »Bildern und Geschichten« besteht, und Alices Bedürfnissen hätte es wohl durchaus entsprochen.

Mit allem, was ich hier gesagt habe, möchte ich – dem Anschein zum Trotz – das Fernsehen nicht »kritisieren«, ich möchte nur seine Beschränktheit und die Auswirkungen dieser Beschränktheit anzeigen. Sehr viel hängt davon ab, wie wir das Wesen dieses großen kulturverändernden Mediums auffassen. In einer Rede anläßlich der Verleihung der akademischen Grade am Emerson College im Jahre 1981 sagte Leonard H. Goldenson, Vorsitzender des Verwaltungsrates der Fernsehgesellschaft ABC: ». . . wir können uns nicht mehr auf unsere Beherrschung traditioneller Fertigkeiten verlassen. Als Kommunikatoren, als Darsteller, als schöpferische Menschen – und als Bürger – verlangt [die elektronische Revolution] eine neue Art von Literalität. Es wird eine visuelle Literalität sein, eine elektronische Literalität, und sie wird ein ebensogroßer Fortschritt gegenüber der Literalität des geschriebenen Wortes sein, wie diese ein Fortschritt gegenüber der rein mündlichen Überlieferung in der frühen Menschheitsgeschichte war.«[3] Obwohl Mr. Goldenson in einem der oben zitierten Sätze zu erkennen gibt, daß er selbst bereits die Beherrschung traditioneller Fertigkeiten, jedenfalls teilweise, eingebüßt hat, bin ich der Ansicht, daß der erste Teil seiner Argumentation zutrifft, allerdings nicht so, wie er es meint. Das Fernsehen und andere elektronische Medien verlangen, wie er ganz richtig sagt, die Beherrschung traditioneller Fertigkeiten nicht. Das entspricht genau meiner These, denn es bedeutet, daß jene Fertigkeiten nicht mehr die Kraft besitzen werden, die intellektuelle Differenzierung zu fördern, ohne die man die Unterscheidung zwischen Erwachsenheit und Kindheit gar nicht treffen kann. Und was die Feststellung angeht, die »visuelle Literalität« werde gegenüber der des geschriebenen Wortes einen ebensogroßen Fortschritt darstellen wie diese gegenüber der mündlichen Überlieferung, so bleibt wohl zu klären, welche Art von Fortschritt Mr. Goldenson hier im Sinn hat. Obwohl es naiv und unrichtig wäre zu behaupten, die Literalität sei in jeder Hinsicht ein ungetrübter Segen für die Kultur gewesen, muß man doch festhalten, daß das geschriebene und später das gedruckte Wort der Zivilisation zu einer neuen sozialen Organisation verholfen hat. Es brachte Logik, Wissenschaft, Erziehung, *civilité* hervor – und auch jene Technik, der Mr. Goldenson vorsteht. Insofern kann man sagen, daß das literale Denken seine eigene Zerstörung in die Wege leitete, indem es Medien schuf, die jene »traditionellen Fertigkeiten« überflüssig machen, auf denen Literalität beruht. Es ist mir allerdings ein Rätsel, warum diese Tatsache für irgend jemanden ein Anlaß zum Optimismus sein sollte – außer für den Verwaltungsratsvorsitzenden einer Fernsehgesellschaft.

Kapitel 8

Das verschwindende Kind

Bislang habe ich darzustellen versucht, wie die symbolische Umwelt, in der sich eine Gesellschaft bewegt, die Kindheit entweder notwendig oder überflüssig macht. Dabei habe ich vor allem erklären wollen, inwiefern unsere neuen, umwälzenden Medien die Ursache dafür sind, daß die Kindheit jetzt aus der abendländischen Tradition vertrieben wird. Es bleibt mir noch, im folgenden die Indizien dafür zu erörtern, daß diese Vertreibung tatsächlich begonnen hat.

Die Indikatoren für das Verschwinden der Kindheit sind sehr unterschiedlicher Art und stammen aus verschiedenen Quellen. Da gibt es z. B. die Hinweise, die die Medien selbst liefern, denn sie betreiben die Abschaffung der Kindheit nicht nur mittels ihrer Form und durch den Kontext, in dem sie sich präsentieren; sie spiegeln den Niedergang auch in ihren Inhalten wider.

Indizien liefert auch die Angleichung von Kindern und Erwachsenen in Geschmack und Stil sowie der sich wandelnde Blickwinkel, aus dem soziale Institutionen, wie das Recht, die Schule oder der Sport, die Kindheit wahrnehmen. Und es gibt inzwischen Indizien von der »harten« Art – Zahlen über Alkoholismus, Drogenkonsum, sexuelle Aktivitäten, Kriminalität usw., die auf ein Verblassen des Unterschieds zwischen Kindheit und Erwachsenenalter schließen lassen. Bevor ich aber näher auf dieses Material eingehe, möchte ich betonen, daß sich die im vorliegenden Buch entwickelte Hypothese darüber, warum all dies geschieht, nicht *beweisen* läßt, gleichgültig, wieviel Belegmaterial man zu ihrer Stützung zusammenträgt. Das gilt nicht nur, weil man Hypothesen und Theorien – selbst in den physikalischen Wissenschaften – prinzipiell nicht beweisen kann, sondern auch, weil in den Sozialwissenschaften schon die Idee eines Beweises oder einer Widerlegung so sehr von Mehrdeutigkeiten und komplexen Zusammenhängen überlagert ist, daß man nie ganz sicher sein kann, ob das Belegmaterial eine bestimmte Vermutung stützt, ob es sie zu Fall bringt oder ob es ihr gegenüber neutral ist.

Zur Veranschaulichung: Man hat behauptet, während der vergangenen 130 Jahre habe sich der Beginn der Pubertät bei Mädchen verschoben, und zwar in jedem Jahrzehnt um etwa vier Monate, so daß um 1900 das Durchschnittsalter, in dem die erste Menstruation eintrat, bei ungefähr 14 Jahren lag, während das Durchschnittsalter 1979 bei 12 Jahren lag.[1] Mir gefällt diese Statistik, denn wenn sie stimmt, dann deutet sich in ihr an, daß die Abschaffung der Kindheit auch physiologisch kurz nach der Erfindung des Telegraphen einsetzte; es ließe sich also eine nahezu exakte zeitliche Übereinstimmung zwischen dem Sinken des Pubertätsalters und der Umwälzung im Bereich der Kommunikation feststellen. Deshalb würde ich diese Tatsache gern als Beleg für meine Argumentation anführen; ich meine jedoch, daß es bessere Erklärungen für sie gibt, insbesondere jene, die sich auf Veränderungen in der Ernährungsweise beziehen.

Ein zweites Beispiel: Es ist nachgewiesen, daß der amerikanische Familienhaushalt schrumpft. Heute besteht ein Haushalt durchschnittlich aus 2,8 Personen, gegenüber 4,1 Personen im Jahre 1930. 1950 bestanden 10,9 Prozent der amerikanischen Haushalte aus einer Person, heute liegt diese Zahl bei 22 Prozent.[2] Die Amerikaner haben nicht nur weniger Kinder, sie verwenden offenbar auch weniger Zeit darauf, sie zu Hause großzuziehen. Ist dies eine Auswirkung unserer im Wandel begriffenen Kommunikationsumwelt? Ich vermute ja, aber es wäre unsinnig zu leugnen, daß auch andere Faktoren an dieser Entwicklung beteiligt sind, etwa der wachsende Wohlstand der Amerikaner, ihre ungeheure Mobilität, die Bewegung zur Befreiung der Frauen usw. Man muß also nicht nur, wie in diesem Beispiel, mit einer Vielfalt von Ursachen rechnen, es kann auch, wie im ersten Beispiel, andere Theorien geben, die die Fakten sehr gut erklären. Wenn man Veränderungen innerhalb der gesellschaftlichen Organisation und überhaupt bestimmte Tendenzen einer Kultur zu erfassen sucht, dann kann man von einer ganzen Reihe von Gesichtspunkten ausgehen. Marxisten und Freudianer z. B. könnten sicherlich ebenfalls mit Erklärungen dafür aufwarten, warum die Kindheit verschwindet, vorausgesetzt, sie akzeptieren angesichts der vorhandenen Indizien die Tatsache selbst. Auch Soziobiologen, Anthropologen und – wer weiß? – vielleicht sogar wissenschaftliche Vertreter des Kreationismus werden dieser Frage gegenüber nicht gleichgültig bleiben. Ich habe die in diesem Buch entfaltete Erklärung gewählt, weil sie – sofern man überhaupt eine Einzelerklärung als stichhaltig bezeichnen kann – die Tatsachen am besten erhellt. Es scheint mir offenkundig, daß Kindheit eine Funktion der Kommunikationsbedürfnisse einer Gesellschaft und der Mittel ist, die ihr hierbei zur Verfügung stehen. Wirtschaft, Politik, Ideologie, Religion und andere Faktoren wirken sich auf den Entwicklungsgang der Kindheit aus – verleihen ihr mehr oder weniger große Bedeutung –, aber sie können sie nicht erzeugen oder zum Erlöschen bringen. Dieses Vermögen hat nur die Literalität – durch ihre Existenz oder ihre Abwesenheit. Aber ich will diesen Gedanken hier nicht noch einmal ausführen. Ich möchte lediglich betonen, daß ich ihn für einleuchtend halte, daß die historischen Tatsachen zumindest bis zu einem gewissen Grad für ihn sprechen und daß ihn die gegenwärtig erkennbaren Tendenzen bestätigen. Der Zweck dieses Kapitels ist es, zu zeigen, daß die Kindheit tatsächlich im Begriff steht zu verschwinden. Nachdem der Leser die von mir genannten Indizien erwogen hat, mag er selbst entscheiden, ob meine Theorie brauchbar ist.

Zunächst fällt auf, daß die Kinder aus den Medien und besonders aus dem Fernsehen praktisch verschwunden sind. (Im Radio oder im Schallplattengewerbe findet sich absolut kein Anzeichen für ihr Dasein, aber ihr Verschwinden aus dem Fernsehen ist besonders aufschlußreich.) Ich will damit natürlich nicht sagen, daß man keine Menschen mehr sähe, die jung an Jahren sind. Aber wenn sie gezeigt werden, dann werden sie nach Art der Gemälde des 13. und 14. Jahrhunderts als kleine Erwachsene dargestellt. Ein aufmerksamer Zuschauer wird feststellen, daß sich die in Familienserien, Seifenopern und anderen populären Fernsehsparten auftretenden Kinder in ihren Interessen, ihrer Sprache, ihrer Kleidung und ihrer Sexualität kaum von den Erwachsenen unterscheiden, die in den gleichen Sendungen erscheinen.

Man muß hier freilich berücksichtigen, daß populäre Kunstformen nur selten authentische Darstellungen von Kindern hervorgebracht haben. Wenn man an einige der bedeutenden Kinderfilmstars denkt, etwa an Shirley Temple, Jackie Coogan, Jackie Cooper, Margaret O'Brien oder die harmlosen Rabauken aus den *Our Gang*-Komödien, dann wird einem sogleich klar, daß der Charakter und die Sensibilität junger Menschen im Kino durchaus nicht realistisch wiedergegeben worden sind. Aber gleichwohl findet man in solchen Produktionen eine Idee, eine *Vorstellung* von Kindheit. Die Kinder dort waren anders angezogen als Erwachsene, sie sprachen anders, betrachteten Probleme aus einem anderen Blickwinkel, nahmen einen anderen Status ein, waren verletzlicher. Noch in den frühen Tagen des Fernsehens, in Serien wie *Leave It to Beaver* und *Father Knows Best (Vater ist der beste)*, traten Kinder auf, die zwar nicht realistisch porträtiert waren, die aber anders waren als Erwachsene. Davon ist heute wenig übriggeblieben.

Um zu begreifen, was hier geschehen ist, sollte man sich einmal vorstellen, wie die *Shirley Temple Show* aussehen würde, wenn man sie heute als Fernsehserie ausstrahlte, natürlich unter der Voraussetzung, daß Miss Temple so alt wäre wie zu der Zeit, als ihre denkwürdigen Filme gedreht wurden. (Sie begann ihre Karriere mit vier Jahren, die erfolgreichsten Filme entstanden zwischen ihrem sechsten und zehnten Lebensjahr.) Ist es denkbar, daß Shirley Temple heute »On the Good Ship Lollipop« als Titelmelodie singen würde, es sei denn in parodistischer Absicht? Wenn sie überhaupt sänge, dann wäre ihre Domäne wohl die Rock-Musik, also eine Musik, die sich an Kinder und Erwachsene gleichermaßen wendet. (Man denke an »Studio 54« und andere Erwachsenen-Discos.) Im Fernsehen von heute gibt es so etwas wie Kinderlieder gar nicht. Sie sind ausgestorben, eine Tatsache, die für unseren Zusammenhang nicht weniger aufschlußreich ist als all die anderen Indizien. Jedenfalls würde eine zehnjährige Shirley Temple im Fernsehen vermutlich einen Freund benötigen, mit dem sie sich immer wieder auf simulierte Plänkeleien wie unter Verliebten einlassen müßte. Mit Sicherheit müßte sie auf ihre »Kleinmädchen«-Kleider und -Frisuren verzichten und sich an der Erwachsenenmode orientieren. Ihre Sprache bestünde aus einer Kette altkluger Bonmots, reichlich gewürzt mit sexuellen

Anspielungen. Kurz, die *Shirley Temple Show* würde nicht – und könnte nicht – von einem Kind handeln. Zu viele Zuschauer – und vor allem die jungen unter ihnen – würden eine solche Vorstellung für unrealistisch halten oder gar nicht verstehen.

Am besten läßt sich das Verschwinden unserer traditionellen Vorstellung von Kindheit aus dem Fernsehen an den Werbespots beobachten. Ich habe schon auf den vielfachen Mißbrauch von elf- und zwölfjährigen Mädchen als erotische Objekte (das Brooke-Shields-Phänomen) hingewiesen, aber einen außerordentlichen Werbespot für Jordache-Jeans möchte ich doch nicht unerwähnt lassen. Er zeigt uns, wie Schulmädchen und Schuljungen – die meisten von ihnen noch nicht im Pubertätsalter – von den Launen ihrer ungezügelten Libido umgetrieben werden, die zusätzlich dadurch befeuert wird, daß sie Marken-Jeans tragen. Am Schluß dieses Werbefilms erkennt man, daß ihre Lehrerin die gleichen Jeans trägt. Was bedeutet dies anderes, als daß man weder in der Sexualität noch in den Mitteln, mit denen sie stimuliert wird, einen Unterschied zwischen Kindern und Erwachsenen zu machen pflegt?

Ebenso aufschlußreich ist es, daß Kinder, ob mit überaktiver Libido oder nicht, immer wieder schamlos als Schauspieler in Reklamedramen eingesetzt werden. An einem Abend habe ich neun verschiedene Produkte gezählt, die von Kindern angepriesen wurden, darunter Würstchen, Immobilien, Zahnpasta, eine Versicherung, ein Waschmittel und eine Restaurant-Kette. Amerikanische Fernsehzuschauer finden es offenbar nicht ungewöhnlich oder anstößig, wenn Kinder sie über die Herrlichkeiten Amerikas aufklären – vielleicht weil ihnen als Kindern der Zugang zu immer mehr Bereichen des Erwachsenenlebens gewährt wird und es daher wie Willkür erscheinen würde, wenn man sie von einem der wichtigsten ausschlösse, dem Warenzauber. Jedenfalls bekommt hier die Weissagung: »Wenn ihr nicht umkehret und werdet wie die Kinder . . .« einen ganz neuen Sinn.

Ähnlich wie das Fernsehen verwandelt auch der Film die Kinder zusehends in Erwachsene. In so unterschiedlichen Filmen wie *Carrie – des Satans jüngste Tochter, Der Exorzist, Pretty Baby, Paper Moon, Das Omen, Die blaue Lagune, Kleine Biester, Endlose Liebe,* oder *Ich liebe dich – I love you – Je t'aime* erscheint das Kind immer wieder als eine Person, die sich in ihrer sozialen

Orientierung, ihrer Sprache und ihren Interessen vom Erwachsenen nicht unterscheidet. Besonders deutlich wird diese Verschiebung in der filmischen Auffassung des Kindes, wenn man die *Little-Rascals*-Filme *(Die kleinen Strolche)* aus den dreißiger Jahren mit dem Film *Bugsy Malone* von 1976 vergleicht, einer Satire, in der Kinder die Rollen der Erwachsenengestalten aus Gangsterfilmen übernehmen. Ihren Witz bezogen die *Little-Rascals*-Filme vor allem aus dem Mißverhältnis zwischen den Kindern und dem von ihnen nachgeahmten Erwachsenenverhalten. Obwohl auch *Bugsy Malone* Kinder als metaphorische Vertreter von Erwachsenen einsetzt, hat man angesichts ihres Rollenspiels kaum noch den Eindruck, es bestehe hier ein Mißverhältnis. Was ist denn absurd daran, daß Zwölfjährige eine »erwachsene« Sprache sprechen, sich wie Erwachsene kleiden, das gleiche Interesse an Sex haben wie Erwachsene und Erwachsenenschlager singen? Die *Little-Rascals*-Filme waren offensichtlich Komödien, während *Bugsy Malone* schon fast ein Dokumentarfilm ist.

Die vieldiskutierten Veränderungen innerhalb der Kinderliteratur weisen zum größten Teil in die gleiche Richtung wie die in den modernen Medien. Die Bücher von Judy Blume sind von vielen Autoren nachgeahmt worden, die, wie Ms. Blume, begriffen haben, daß »Jugendliteratur« am besten »ankommt«, wenn sie in Thematik und Sprache die Erwachsenenliteratur simuliert, und besonders, wenn in ihr die handelnden Figuren als kleine Erwachsene dargestellt sind. Ich möchte hier nicht den Eindruck erwecken, als gebe es in der gegenwärtigen Kinderliteratur (oder im Fernsehen und im Film) kein Beispiel von Kindern mehr, die entschieden anders wären als Erwachsene. Aber ich beharre darauf, daß das Bild des Kindes in unseren populären Kunstformen gegenwärtig einen raschen Wandel durchmacht. Vergröbernd könnte man es auch so ausdrücken: In unserer Kultur ist nicht genug Raum für Judy Blume *und* Walt Disney; einer von beiden muß das Feld räumen, und wie die sinkenden Einnahmen des Disney-Imperiums zeigen, wird wohl Walt Disneys Vorstellung vom Kind und seinen Bedürfnissen verschwinden.[3] Wir befinden uns mitten im Prozeß der Austreibung einer zweihundert Jahre alten Idee vom jungen Menschen als Kind und ihrer Ersetzung durch die Vorstellung vom jungen Menschen als Erwachsenen. Obwohl Ms. Blume, die modernen Filmemacher und die Fernsehautoren diesen Prozeß vorantreiben, kann man ihnen doch keine moralische oder gesellschaftliche »Schuld« zur Last legen. Was immer man unseren populären Kunstformen zum Vorwurf machen kann, Gleichgültigkeit gegenüber der sozialen Realität kann man ihnen jedenfalls nicht vorhalten. Der hinterhältige Schwarze, der habgierige Jude und (bis zu einem gewissen Grad) sogar die gehorsame, passive Ehefrau sind von der Bildfläche verschwunden, und zwar nicht, weil sie als »Material« nicht interessant genug wären, sondern weil sie für das Publikum nicht mehr akzeptabel sind. Ähnlich tritt Brooke Shields an die Stelle von Shirley Temple, weil das Publikum eine gewisse Übereinstimmung zwischen der Bildwelt seiner populären Kunstformen und der gesellschaftlichen Wirklichkeit, wie es sie erlebt, verlangt. Die Frage, in welchem Maße etwa das Fernsehen die gesellschaftliche Wirklichkeit spiegelt, ist durchaus komplex, denn zu bestimmten Zeiten hinkt es hinter ihr her, zu anderen Zeiten ist es der Wirklichkeit voraus, und manchmal zieht es mit ihr genau gleich. Aber nie darf es sich vom inneren Entwicklungsstand der Wirklichkeit zu weit entfernen, oder es wäre keine populäre Kunstform mehr. In diesem Sinne könnte man das Fernsehen als unsere demokratischste Institution bezeichnen. Die Sendungen führen vor, was die Leute verstehen und was sie wollen, oder sie werden abgesetzt. Die meisten Menschen verstehen das traditionelle, idealisierte Bild des Kindes nicht mehr und wollen es nicht mehr, weil dieses Bild keine Stütze mehr in ihren Erfahrungen und ihrer Vorstellungskraft findet.

Dasselbe gilt für das traditionelle Bild des Erwachsenen. Wenn man sich die Sendungen des Fernsehens genau ansieht, erkennt man, daß sie nicht nur den Aufstieg des zum Erwachsenen gemodelten Kindes ziemlich genau dokumentieren, sondern auch den des zum Kind gemodelten Erwachsenen. Das Fernsehen äußert sich hierin ebenso unmißverständlich wie in anderen Belangen (obgleich sich die beste Darstellung des Kind-Erwachsenen in dem Film *Being There [Willkommen, Mr. Chance]* findet, der den von mir beschriebenen Vorgang direkt zum Thema macht). Aber auch Fernsehgestalten wie Laverne und Shirley, Archie, die »Crew vom Love Boat«, die »Company der Drei«, Fonzie, Barney Millers Detektive, Rockford, Kojak und die gesamte Bevölkerung von Fantasy Island wird man kaum als erwachsen bezeichnen können, auch nachdem man gewisse Zugeständnisse an die Traditionen der Fernsehsparten gemacht hat, in denen sie auftreten. Von wenigen Ausnahmen abgesehen, nehmen Erwachsene im Fernsehen ihre Arbeit nicht ernst (wenn sie überhaupt arbeiten), sie kümmern sich nicht um ihre Kinder und auch nicht um Politik, praktizieren keine Religion, repräsentieren keine Tradition, sind ohne Vorausblick und haben keine Pläne, führen keine ausgedehnten Gespräche miteinander und bringen unter gar keinen Umständen etwas zur Sprache, das einem Achtjährigen nicht vertraut wäre.

Obwohl mich einige meiner Studenten, die begeisterte Fernsehzuschauer sind, dringend gebeten haben, die folgende Feststellung zu modifizieren, kann ich nur eine einzige regelmäßig im kommerziellen Fernsehen auftretende fiktive Gestalt erkennen, die die Vorliebe eines Erwachsenen für ernste Musik bekundet und deren Sprache man anmerkt, daß sie einmal ein Buch gelesen hat. Ich meine Felix Unger in *The Odd Couple (Männerwirtschaft)*. Es ist bemerkenswert, daß die Mehrzahl der Erwachsenen in Fernsehsendungen praktisch als Analphabeten dargestellt werden, nicht nur in dem Sinne, daß anscheinend nichts von dem, was man aus Büchern lernen kann, zu ihrem Wissensfundus gehört, sondern auch insofern, als sie nicht das mindeste Anzeichen einer zur Nachdenklichkeit befähigten Geistesverfassung erkennen lassen. (*The Odd Couple,* eine Serie, die man jetzt nur noch als Wiederholung sehen kann, zeigt paradoxerweise mit Felix Unger nicht nur das Beispiel eines gebildeten Menschen, sondern in Gestalt seines Partners Oscar Madison gleichzeitig eine höchst ungewöhnliche Mißbildung – die Figur eines analphabetischen Berufsschriftstellers.)

Man hat viel über die Trivialität und geistige Ödnis der populären Fernsehsendungen geschrieben. Aber mir geht es hier nicht um eine solche Bewertung. Ich möchte vielmehr darauf aufmerksam machen, daß der Typus des Erwachsenen, der im Fernsehen am häufigsten erscheint, dem Typus des Kindes entspricht und daß sich dieses Muster in fast allen Fernsehsparten nachweisen läßt. In den Quizsendungen und Ratespielen z. B. werden die Bewerber mit großer Sorgfalt danach ausgesucht, ob ihre Bereitschaft, Demütigungen hinzunehmen (von seiten eines fingierten Erwachsenen, des »emcee«, des Zeremonienmeisters), praktisch unbe-

144

grenzt ist; ob ihre Gefühle jederzeit aufgeputscht werden können und ob ihr Interesse an irgendwelchen Dingen den Dichtegrad einer verzehrenden Leidenschaft besitzt. Solche Quizsendungen sind eine Parodie auf das Klassenzimmer: kindliche Bewerber werden für Gehorsam und Altklugheit gebührend belohnt, ansonsten jedoch sämtlichen Demütigungen unterworfen, die traditionell das Schulkind zu erdulden hat. In Seifenopern ist das Fehlen erwachsener Figuren so auffällig, daß man sich sogar auf eine Teenager-Seifenoper mit dem Titel *Young Lives* eingelassen hat, so als wolle man noch einmal ausdrücklich hervorheben, daß sich die Welt junger Menschen von der Erwachsenenwelt nicht unterscheidet. Hier geht das Fernsehen noch einen Schritt über den Film hinaus: *Young Lives* – das ist wie *Bugsy Malone,* freilich ohne jede Satire.

Zu alledem kommt es nicht nur aus den Gründen, die ich in den letzten drei Kapiteln angedeutet habe, sondern auch, weil das Fernsehen die vorherrschenden Werte und Stile widerzuspiegeln versucht. Und in der heutigen Situation tendieren die Werte und Stile der Kinder dazu, mit denen der Erwachsenen zu verschmelzen. Man braucht kein Familiensoziologe zu sein, um die folgenden Beobachtungen plausibel zu finden:

Die Kinderbekleidungsindustrie hat im vergangenen Jahrzehnt einen tiefgreifenden Wandel durchgemacht, so daß jene Modeformen, die früher eindeutig als »Kinderkleider« erkennbar waren, heute praktisch verschwunden sind. Zwölfjährige Jungen tragen auf Geburtstagspartys Anzüge mit Weste, und sechzigjährige Männer tragen zum gleichen Anlaß Jeans. Elfjährige Mädchen laufen mit Stöckelabsätzen herum, und Turnschuhe, die früher ein eindeutiges Kennzeichen für die Zwanglosigkeit und die Vitalität der Jugend waren, bedeuten heute angeblich das gleiche für Erwachsene. Der Minirock, das peinlichste Beispiel für die Nachahmung einer Kindermode durch die Erwachsenen, ist im Augenblick zwar ein wenig in Verruf geraten, dafür beobachtet man auf den Straßen von New York und San Francisco erwachsene Frauen mit weißen Söckchen und imitierten Kinderlackschuhen. Wir erleben gegenwärtig die Umkehrung jener Tendenz, die im 16. Jahrhundert einsetzte und dazu führte, daß man Kinder an ihrer Kleidung erkennen konnte. Wo die Vorstellung von Kindheit verblaßt, da verblassen auch deren symbolische Merkmale.

Man kann diesen Vorgang nicht nur in der Mode beobachten, sondern auch, beispielsweise, in den Eßgewohnheiten. Schnellgerichte, die früher nur für den undifferenzierten Geschmack und die eisernen Mägen Jugendlicher geeignet schienen, sind heute für Erwachsene eine gebräuchliche Kost. Das läßt sich aus den Werbespots für McDonald's und Burger King erschließen, die sich unterschiedslos an alle Altersgruppen richten. Und es läßt sich auch direkt beobachten, indem man den Anteil der Kinder und Erwachsenen an der Kundschaft solcher Lokalitäten sich vergegenwärtigt. Es scheint, daß die Erwachsenen zumindest ebensoviel Schnellimbißkost verzehren wie Kinder.[4] Diese Feststellung ist nicht unwichtig: offenbar haben viele vergessen, daß man von Erwachsenen früher annahm, sie legten in der Frage, ob etwas eßbar ist oder nicht, höhere Maßstäbe an als die Kinder. Und es war sogar ein Zeichen für den Übergang ins Erwachsenenalter, wenn die Jugendlichen anfingen, sich von den Genüssen des Schnellimbisses abzukehren. Ich glaube, man kann wohl sagen, daß dieses Signalement der Adoleszenz heute völlig unkenntlich geworden ist.

Es gibt kein eklatanteres Symptom für das Verschmelzen der Wertvorstellungen und Stile von Erwachsenen und Kindern als das Schicksal, das den Kinderspielen widerfährt: sie schwinden mehr und mehr. Ich habe zwar keine Untersuchungen gefunden, die den Niedergang selbstorganisierter Straßenspiele belegen, aber ihr Verschwinden ist auffällig genug und läßt sich durchaus aus dem erstaunlichen Aufschwung erschließen, den Einrichtungen wie der Pee Wee Football und der Little League Baseball genommen haben. Außer in den bevölkerungsreichen innerstädtischen Wohnbezirken, wo die Spiele immer noch unter der Kontrolle der Kinder und Jugendlichen selbst stehen, sind die Spiele der amerikanischen Jugend zusehends offiziell oder pseudo-professionell geworden und werden mit äußerstem Ernst betrieben. Der Little League Baseball Association zufolge, die ihr Hauptquartier in Williamsport, Pennsylvania, hat, ist der Little League Baseball das größte Jugendsportprogramm auf der ganzen Welt. Es gibt mehr als 1400 offizielle Vereine mit insgesamt zweieinhalb Millionen Mitgliedern zwischen sechs und achtzehn Jahren. Der Aufbau der Organisation entspricht dem der oberen Baseball-Ligen und der Charakter des Spiels selbst ganz dem des professionellen Baseball: da gibt es kein Herumtrödeln und keine Sonderregeln, die man spontan erfindet, wie es die Situation gerade erfordert, und es gibt auch keinen Schutz vor den kritischen Urteilen der Zuschauer.

Die Vorstellung, daß die Spiele der Kinder die Erwachsenen nichts angehen, ist von den Amerikanern offensichtlich verworfen worden. Heute besteht man darauf, daß Kinder schon mit sechs Jahren ohne Spontaneität spielen, unter sorgfältiger Anleitung durch Erwachsene und starkem Konkurrenzdruck. Daß viele Erwachsene gar nicht erfassen, was eine solche Neubestimmung des Kinderspiels bedeutet, enthüllt ein Artikel, der am 17. Juli 1981 in der *New York Times* zu lesen war. Den Anlaß bildete ein Fußballturnier in Ontario, Kanada, an dem 4000 Kinder aus 10 Nationen teilnahmen. Während eines Spiels zwischen zwei aus zehnjährigen Knaben bestehenden Mannschaften – East Brunswick, New Jersey, gegen Burlington, Ontario – kam es zu einem Streit: »Nachdem sich einige Spieler Verwarnungen wegen Foulspiels und ungehöriger Äußerungen eingehandelt hatten, gerieten die Väter auf den Zuschauerrängen in ein Wortgefecht, und ein Mann aus Burlington machte eine anzügliche Geste.« Der Streit erreichte seinen Höhepunkt, als die Mütter zweier Spieler aneinandergerieten, wobei eine von ihnen der anderen einen Tritt versetzte. So etwas kommt bei »offiziellen« Baseball- oder Footballspielen unter Erwachsenen natürlich ständig vor. (Ich selbst habe gelegentlich erlebt, wie mehrere vierzig Jahre alte Männer bei einem Baseballspiel einen elfjährigen Shortstop gnadenlos auspfiffen, weil er kurz nacheinander zwei Fehler gemacht hatte.) Besonders aufschlußreich allerdings war die Bemerkung, die eine der Mütter nach dem Zwischenfall machte. Bemüht, die Dinge ins richtige Verhältnis zu bringen, meinte sie: »Das [der Streit] waren ja nur 30 Sekunden in einem wunderbaren Turnier. Am nächsten Abend haben unsere Jungs verloren, aber es war ein schönes Spiel. Die Eltern haben beiden Mannschaften Beifall geklatscht. Alles in allem war es ein schönes Erlebnis.« Es stellt sich lediglich die Frage: Was haben die Eltern dort eigentlich verloren? Warum trommelt man 4000 Kinder zu einem Turnier zusammen? Warum spielt East Brunswick, New Jersey, gegen Burlington, Ontario? Wofür werden diese Kinder trainiert? Die Antwort auf all diese Fragen lautet: Das Kinderspiel ist zu einer Hauptbeschäftigung der Erwachsenen geworden, es ist professionalisiert worden und bildet nicht mehr eine von der Sphäre der Erwachsenen getrennte Welt für sich.

In diesen Zusammenhang gehört auch das Vordringen von Kindern in den Bereich des Spitzensports. Das Tennisturnier in Wimbledon von 1979 etwa stand im Zeichen des aufsehenerregenden Auftritts von Tracy Austin, die damals noch keine sechzehn Jahre alt und damit die jüngste Spielerin in der Geschichte des Turniers war. 1980 erregte eine fünfzehnjährige Spielerin beträchtliches Aufsehen; 1981 ein vierzehnjähriges Kind. Voller Staunen meinte John Newcombe, ein alter Wimbledon-Meister, in naher Zukunft würden womöglich zwölfjährige Spieler den »center court« übernehmen. Doch in dieser Hinsicht ist Tennis hinter anderen Sportarten zurück. Zwölfjährige Schwimmer, Eisläufer und Turnerinnen von Weltrang sind nichts Außergewöhnliches mehr. Und warum? Eine naheliegende Antwort besagt, daß bessere Schulung und bessere Trainingstechniken es den Kindern ermöglichen, das Leistungsniveau von Erwachsenen zu erreichen. Aber die Frage bleibt: Warum bestärken Erwachsene Kinder darin, diese Möglichkeit zu nutzen? Warum will man den Kindern ihre Freiheit, ihre Ungezwungenheit und die Freude am spontanen Spiel verwehren? Warum setzt man Kinder dem Training, dem Konzentrationszwang, der nervlichen Belastung und dem Medienrummel aus, der zum Profi-Sport gehört? Wieder müssen wir die gleiche Antwort wie zuvor geben: Die traditionellen Vorstellungen von der Besonderheit kindlicher Existenz verkümmern sehr rasch. Offenbar setzt sich zunehmend die Auffassung durch, das Spiel werde nicht um seiner selbst willen gespielt, sondern im Hinblick auf äußere Zwecke: Ruhm, Geld, körperliche Ertüchtigung, sozialer Aufstieg, Nationalstolz. Für die Erwachsenen ist das Spiel eine ernste Sache. Zusammen mit der Kindheit verschwindet auch die kindliche Auffassung vom Spiel.

Die gleiche Tendenz zur Verschmelzung der Perspektiven von Erwachsenen und Kindern läßt sich an den Vorlieben für bestimmte Formen von Unterhaltung ablesen. Hierfür ein deutliches Beispiel: Wie der Nielsen-Fernsehreport für 1980 zeigt, nannten Erwachsene (definiert als Personen über achtzehn Jahren) auf die Frage nach den fünfzehn beliebtesten regionalen Fernsehsendungen unter anderem die folgenden: *Family Feud,*

The Muppet Show, Hee Haw, M*A*S*H, Dance Fever, Happy Days Again und *Sha Na Na.* Diese Sendungen gehörten auch zu den fünfzehn beliebtesten Programmen, die von der Gruppe der Zwölf- bis Siebzehnjährigen genannt wurden. Und sie gehörten ebenso zu den Lieblingssendungen der Zwei- bis Elfjährigen! Bei den (zu dieser Zeit) gängigen überregional ausgestrahlten Shows nannten die männlichen Erwachsenen als beliebteste: *Taxi, Mork & Mindy, M*A*S*H, Three's Company, ABC Sunday Night Movie* und *The Dukes of Hazzard.* Von der Gruppe der Zwölf- bis Siebzehnjährigen wurden sie ebenfalls genannt.[5] Im Nielsen-Report für 1981 nannten die männlichen Erwachsenen sechs regional ausgestrahlte Fernsehsendungen (von zehn), die sich bei den Zwölf- bis Siebzehnjährigen ebenfalls der größten Beliebtheit erfreuten, und vier (von zehn), die auch von den Zwei- bis Elfjährigen am liebsten gesehen wurden.[6]

Solche Zahlen mögen einen traurig stimmen, aber sie passen zu der Beobachtung, daß das, was heutzutage den Kindern gefällt, auch den Erwachsenen zusagt. Während ich dies schreibe, locken Filme wie *Superman II, James Bond 007 – In tödlicher Mission, Jäger des verlorenen Schatzes* und *Tarzan – Herr des Urwalds* Besucher aller Altersstufen in nie dagewesener Zahl in die Kinos. Vor 25 Jahren hätte man solche Filme – im Grunde bewegte Comic Strips – als Unterhaltung für Kinder angesehen; nicht so bezaubernd, unschuldig oder kreativ wie Walt Disneys *Schneewittchen und die sieben Zwerge,* aber dennoch eindeutig auf ein jugendliches Publikum »zugeschnitten«. Heute braucht man solche Unterschiede nicht mehr zu machen. Und genausowenig braucht man zwischen dem musikalischen Geschmack von Erwachsenen und dem von Jugendlichen zu unterscheiden, wie jeder bezeugen kann, der einmal in einer Erwachsenendiskothek gewesen ist. Wahrscheinlich kennt sich die Gruppe der Zehn- bis Siebzehnjährigen nach wie vor besser mit den Namen und Stilen der verschiedenen Rock-Gruppen aus als diejenigen, die über fünfundzwanzig sind; doch die rückläufigen Umsätze sowohl bei klassischer als auch bei populärer »Erwachsenenmusik« lassen erkennen, daß Erwachsene nicht länger behaupten können, ihr musikalischer Geschmack sei dem Niveau der Teenager-Musik überlegen.[7]

Wie in Kleidung, Eßgewohnheiten, Spiel und Unterhaltung kommt es auch auf dem Gebiet der Sprache zu einer Homogenisierung der Stile. Dieser Wandel läßt sich nur sehr schwer dokumentieren, es sei denn, man nimmt Zuflucht bei Anekdoten oder appelliert an die eigenen Erfahrungen des Lesers. Bekannt ist immerhin, daß die Fähigkeit von Kindern und Jugendlichen, im Lesen und Schreiben »Grundschulniveau« zu erreichen, abnimmt.[8] Und wir wissen, daß ihre Befähigung, vernünftig zu argumentieren und logische Schlüsse zu ziehen, ebenfalls zurückgeht.[9] Solche Indizien werden zumeist als Beleg für den allgemeinen Bildungsverfall bei jungen Menschen angeführt. Sie könnten aber durchaus auch auf ein rückläufiges Interesse der Erwachsenen an Sprache hindeuten. Mit anderen Worten, wenn man die Bedeutung der Medien für die Reduktion der Sprachkompetenz von jungen Menschen erörtert, dann schließt dies nicht aus, auch die Gleichgültigkeit der Eltern, Lehrer und anderer einflußreicher Erwachsener gegenüber der Sprache zu bedenken. Vielleicht ist sogar die Annahme zulässig, daß die Sprachbeherrschung der Erwachsenen die der Kinder in den meisten Fällen nicht erheblich übertrifft. Im Fernsehen, im Radio, in Filmen, bei geschäftlichen Transaktionen, auf der Straße und selbst im Klassenzimmer zeigt sich jedenfalls nicht, daß die Erwachsenen eine abwechslungsreichere, überlegtere, präzisere Sprache sprächen als die Kinder. Ein Indiz hierfür ist, daß sich inzwischen in Form von Büchern und Ratgeberspalten in Zeitungen eine kleine Industrie entwickelt hat, die Erwachsene darin unterweist, wie man als Erwachsener spricht.

Man könnte sogar noch weiter gehen und die Vermutung anstellen, daß die Sprache der Jugendlichen die der Erwachsenen stärker beeinflußt, als dies umgekehrt geschieht. Wenngleich die Neigung, nach jeweils vier Worten das Wörtchen *like* einzuschieben, nach wie vor ein Kennzeichen der Sprache von Jugendlichen ist, erschien die Teenager-Sprache den Erwachsenen in vielen anderen Fällen doch so attraktiv, daß sie bestimmte Elemente daraus ihrer eigenen Sprache einverleibt haben. Ich habe zahlreiche Beispiele dafür aufgezeichnet, daß Leute, die über fünfunddreißig waren und aus allen sozialen Schichten kamen, ohne jede Ironie Sätze wie diese von sich gaben: *I am into jogging, Where are you coming from?* [wörtlich: Wo kommst du her? In der Bedeutung: Welches ist dein Standpunkt?], *Get off may Case* [wörtlich: Geh aus meiner Kiste raus] und andere Teenager-Redensarten mehr.

Ich muß es dem Leser überlassen, zu entscheiden, ob er diese Tendenz aufgrund eigener Erfahrungen bestätigen kann. Eines können wir jedoch, wie ich meine, mit Sicherheit sagen: Jene sprachlichen Erwachsenengeheimnisse, die wir als »schmutzige Wörter« bezeichnen, sind den Kindern und Jugendlichen heute nicht lediglich vertraut (was vielleicht immer der Fall war), sie werden von ihnen auch genauso freimütig verwendet wie von Erwachsenen. Nicht nur auf dem Fußballplatz in Ontario, sondern an allen öffentlichen Plätzen – auf Baseballfeldern, in Kinos, auf Schulhöfen, in Klassenzimmern, Kaufhäusern und Restaurants – kann man hören, wie schon Sechsjährige diese Wörter ebenso lässig wie ausgiebig verwenden. Bedeutsam ist dies, weil es ein weiteres Beispiel für den Abbau der traditionellen Unterscheidung zwischen Kindern und Erwachsenen darstellt. Und bedeutsam ist es, weil es zu erkennen gibt, daß die Idee der Gesittung und der Höflichkeit zusehends verfällt. Tatsächlich entspricht der wachsenden Homogenisierung von Sprache, Kleidung, Eßgewohnheiten usw. ein Verfall der *civilité,* die ja in einem Konzept gesellschaftlicher Rangordnung wurzelt.[10] In der Welt von heute hat das Erwachsenenalter viel von seiner Autorität und seiner Aura verloren, und die Idee des Respekts gegenüber Älteren wirkt schon fast lächerlich. Daß ein solcher Verfallsprozeß im Gang ist, kann man auch aus der allgemeinen Mißachtung der für Zusammenkünfte im öffentlichen Raum geltenden Regeln und Rituale ersehen – man denke an die Zunahme der sogenannten »Disziplinschwierigkeiten« in der Schule, an die Notwendigkeit verstärkter Sicherheitsvorkehrungen bei öffentlichen Veranstaltungen, an das Eindringen lautester Radiomusik in den öffentlichen Raum und daran, wie selten man konventionellen Höflichkeitsbezeugungen, etwa »Danke« und »Bitte«, begegnet.

Alle bisher angeführten Beobachtungen und Schlußfolgerungen sind meiner Ansicht nach Indizien für den Verfall der Kindheit und gleichzeitig für die damit einhergehende Verkümmerung der Bedeutung von Erwachsenheit. Aber es stehen auch harte Fakten zur Verfügung, die in dieselbe Richtung deuten. So wurden im Jahre 1950 in den Vereinigten Staaten insgesamt nur 170 Personen unter fünfzehn Jahren wegen Straftaten verhaftet, die das FBI als schwere Verbrechen einstuft, also Mord, Vergewaltigung,

Raub und Körperverletzung. Diese Zahl entspricht einem Anteil von 0,0004 Prozent der amerikanischen Bevölkerung unter fünfzehn Jahren. Im selben Jahr wurden 94 784 Personen im Alter von fünfzehn Jahren und darüber wegen schwerer Delikte verhaftet, d. h. 0,0860 Prozent der Bevölkerung von fünfzehn und mehr Jahren. Im Jahre 1950 überstieg also die Zahl der von Erwachsenen (hier definiert als Personen im Alter von fünfzehn Jahren und darüber) begangenen schweren Verbrechen die Zahl der von Kindern begangenen um das 215fache. 1960 lag die Zahl der von Erwachsenen verübten schweren Verbrechen nur noch um das 8fache über der Zahl der von Kindern begangenen, und 1979 um das 5,5fache. Läßt sich daraus schließen, daß die Erwachsenenkriminalität sinkt? Keineswegs. In Wirklichkeit steigt die Erwachsenenkriminalität an – 1979 wurden 400 000 Erwachsene, d. h. 0,2430 Prozent der erwachsenen Bevölkerung, wegen schwerer Verbrechen verhaftet. Daß sich die Kluft zwischen der Kriminalitätsrate der Erwachsenen und der der Kinder so rasch schließt, ist fast ganz auf ein bestürzendes Ansteigen der Kinderkriminalität zurückzuführen. Zwischen 1950 und 1979 wuchs die Zahl der von Kindern verübten schweren Delikte um 11 000 Prozent! Die Zahl der von Kindern begangenen weniger schweren Verbrechen (d. h. Einbruch, Diebstahl, Autodiebstahl) stieg um 8300 Prozent.[11]

Wenn man sagen kann, daß Amerika unter einer Flutwelle von Verbrechen versinkt, dann ist diese Welle insbesondere von unseren Kindern ausgelöst worden. Wie vieles andere ist auch das Verbrechen nicht mehr den Erwachsenen vorbehalten, und Zeitungsleser benötigen keine Statistiken, um dies zu bestätigen. Fast täglich berichtet die Presse über die Verhaftung von Kindern, deren Alter – genau wie das der Tennisspieler von Wimbledon – immer weiter sinkt. In New York City versuchte ein neunjähriger Junge, eine Bank auszurauben. Im Juli 1981 beschuldigte die Polizei von Westchester County im Bundesstaat New York vier Jungen, ein siebenjähriges Mädchen vergewaltigt zu haben – von den angeblichen Mädchenschändern war einer dreizehn Jahre alt, zwei waren elf und einer war neun Jahre alt und damit die jüngste Person, die in Westchester County jemals einer Vergewaltigung angeklagt worden ist.[12]

Zehn- bis Dreizehnjährige sind in einem nie dagewesenen Aus-

maß an Erwachsenenverbrechen beteiligt. Die Häufigkeit schwerer Kinderkriminalität hat inzwischen sogar das Jugendstrafrecht an die Grenzen seiner Kapazität getrieben. Das erste amerikanische Jugendgericht wurde 1899 in Illinois errichtet. Der ihm zugrunde liegende Gedanke könnte noch vor dem Ende dieses Jahrhunderts völlig verblaßt sein, denn überall im Land beeilen sich die Gesetzgeber, das Strafrecht zu revidieren und die Möglichkeit zu schaffen, daß jugendliche Straftäter wie Erwachsene behandelt werden. In Kalifornien hat eine vom Attorney General, dem höchsten Justizbeamten dieses Bundesstaates, einberufene Studiengruppe die Empfehlung ausgesprochen, wegen Mordes verurteilte Jugendliche nicht der kalifornischen Jugendbehörde zu übergeben, sondern sie ins Gefängnis zu schicken. Sie hat ferner empfohlen, es in das Ermessen des Gerichts zu stellen, gegen jugendliche Gewaltverbrecher von sechzehn Jahren und darunter wie gegen Erwachsene zu verhandeln.[13] In Vermont hat die Verhaftung zweier Jugendlicher im Zusammenhang mit der Vergewaltigung, Folterung und Ermordung eines zwölfjährigen Mädchens die Legislative des Bundesstaates dazu veranlaßt, eine Verschärfung des Jugendstrafrechts vorzuschlagen.[14] In New York kann heute gegen dreizehn- bis fünfzehnjährige Kinder, denen schwere Verbrechen zur Last gelegt werden, vor einem Erwachsenengericht verhandelt werden, und falls sie verurteilt werden, müssen sie mit langen Gefängnisstrafen rechnen. In Florida, Louisiana, New Jersey, South Carolina und Tennessee hat man durch Gesetzesänderungen die Möglichkeit geschaffen, Kinder zwischen dreizehn und fünfzehn Jahren vor ein Erwachsenengericht zu bringen, falls das ihnen zur Last gelegte Delikt dies erheischt. In Illinois, New Mexico, Oregon und Utah wurde der Grundsatz, daß gegen Jugendliche im allgemeinen unter Ausschluß der Öffentlichkeit verhandelt wird, aufgehoben: Zeitungsreporter können den Prozessen jetzt regelmäßig beiwohnen.[15]
Für diese beispiellosen Veränderungen sowohl in der Häufigkeit als auch in der Brutalität der Kinderkriminalität und in der Reaktion des Gesetzgebers lassen sich gewiß mehrere Gründe anführen, doch keiner scheint mir überzeugender zu sein als der, daß uns die Idee von Kindheit rasch abhanden kommt. Unsere Kinder leben in einer Gesellschaft, deren psychologischer, kultureller und politischer Kontext die Unterschiede zwischen Erwach-

senen und Kindern nicht betont. Wenn sich die Erwachsenenwelt den Kindern in jeder Hinsicht öffnet, dann fangen sie unweigerlich auch an, das kriminelle Handeln der Erwachsenen nachzuahmen.

Aber nicht nur als Täter sind sie an kriminellem Handeln beteiligt, sondern auch als Opfer. Dem Angriff der Kinder auf die soziale Ordnung entspricht der Angriff der Erwachsenen gegen die Kinder. Laut einem Bericht des National Center on Child Abuse and Neglect, einer Bundesbehörde, die sich mit Problemen des Kinder- und Jugendschutzes befaßt, wurden im Jahre 1979 711142 Fälle von Kindesmißhandlung registriert. Angesichts der hohen Dunkelziffer darf man die Gesamtzahl der Fälle von Kindesmißhandlung für dieses Jahr auf mehr als 2 Millionen schätzen. Was kann dies anderes bedeuten, als daß das vorherrschende Bild des Kindes, seine besondere Stellung und seine Aura einem drastischen Verfall ausgesetzt sind? Daß die Kinder geschlagen werden, weil sie klein sind, ist nur die halbe Erklärung. Die andere Hälfte ist, daß sie geschlagen werden, weil man sie nicht als Kinder wahrnimmt. Normale Erwachsene, die die Kinder als unfertig, verletzlich und nicht im Besitz einer vollentwickelten intellektuellen und emotionalen Selbstbeherrschung wahrnehmen, verfallen nicht aufs Prügeln, wenn es zu einem Konflikt kommt. Wenn wir nicht unterstellen, daß es sich bei all diesen erwachsenen Angreifern um Psychopathen handelt, gelangen wir zu der Schlußfolgerung, daß zumindest eine Teilerklärung für diese Übergriffe lauten muß: bei vielen Erwachsenen hat sich die Auffassung von der Persönlichkeit des Kindes gewandelt und ist heute der im 14. Jahrhundert vorherrschenden Auffassung nicht unähnlich, nämlich daß Kinder kleine Erwachsene sind.

Die Wahrnehmung der Kinder als kleiner Erwachsener wird außer durch ihre kriminelle Aktivität noch durch andere Tendenzen bestärkt. So ist etwa die Zunahme der sexuellen Aktivität bei Kindern gut dokumentiert. Die von Catherine Chilman vorgelegten Daten offenbaren, daß dieser Anstieg seit den späten sechziger Jahren bei weißen Mädchen ganz besonders stark gewesen ist.[16] Untersuchungen von Melvin Zelnick und John Kantner von der Johns Hopkins University gelangen zu dem Ergebnis, daß die sexuelle Aktivität bei unverheirateten Frauen zwischen dreizehn und neunzehn Jahren in der Zeit zwischen 1971 und 1976 um 30

Prozent zugenommen hat, so daß 55 Prozent von ihnen mit neunzehn Jahren bereits Geschlechtsverkehr gehabt haben.[17] Mit Sicherheit dürfen wir annehmen, daß die Medien ganz erheblich zum Abbau der Unterschiede zwischen Kinder- und Erwachsenensexualität beigetragen haben. Insbesondere das Fernsehen erzeugt in der gesamten Bevölkerung ständig ein hohes Maß an flanierender sexueller Energie und betont zudem einen spezifischen Egalitarismus der sexuellen Erfüllung; aus einem Erwachsenengeheimnis verwandelt es die Sexualität in eine Ware, die jedermann zur Verfügung steht – nicht viel anders als ein Mundwasser oder ein Deodorant.

Eine der Folgen dieser Entwicklung war der Anstieg der Schwangerschaften bei Jugendlichen. Im Jahre 1975 waren bei 19 Prozent aller Geburten in den Vereinigten Staaten die Mütter unter zwanzig Jahre alt; dies bedeutete eine Zunahme von 2 Prozent gegenüber der Zahl von 1966. Und wenn man sich speziell die Fünfzehn- bis Siebzehnjährigen ansieht, so zeigt sich, daß *sie die einzige Altersgruppe bilden, in der die Geburtenrate während der letzten Jahre angestiegen ist, und zwar um 21,7 Prozent.*[18]

Eine andere, schlimmere Konsequenz des erwachsenengemäßen Sexualverhaltens von Kindern war die stetige Ausbreitung von Geschlechtskrankheiten bei Jugendlichen. Zwischen 1956 und 1979 ist der Prozentsatz der Zehn- bis Vierzehnjährigen, die an Gonorrhöe leiden, fast um das Dreifache gestiegen, von 17,7 auf 50,4 Fälle pro 100 000 Personen dieser Gruppe. Etwa die gleiche Zunahme ist für die Gruppe der Fünfzehn- bis Neunzehnjährigen zu verzeichnen (von 415,7 auf 1211,4 Fälle je 100 000). Die traditionellen Beschränkungen jugendlicher Sexualaktivität können in einer Gesellschaft, die keinen verbindlichen Unterschied zwischen Kindheit und Erwachsenheit macht, nicht sonderlich wirksam werden. Und das gleiche gilt für den Konsum von Drogen. So kommt das National Institute on Alcohol Abuse and Alcoholism, das sich mit Ursachen des Alkoholmißbrauchs und des Alkoholismus beschäftigt, zu dem Ergebnis, daß eine große Zahl von Fünfzehnjährigen Alkohol in »erheblichen Mengen« zu sich nimmt. Einer Untersuchung der Trinkgewohnheiten von Schülern der Klassen zehn bis zwölf zufolge lag die Zahl der männlichen Jugendlichen, die nach eigenen Angaben »viel« tranken (d. h. zumindest einmal in der Woche und dann jeweils in großen

Mengen), fast um das Dreifache über der Zahl derer, die nach eigenen Angaben »wenig« tranken (d. h. höchstens einmal im Monat und dann jeweils in geringen Mengen). Der Alkoholismus, den man früher ausschließlich als ein Problem der Erwachsenen betrachtete, droht heute auch für unsere neuen Klein-Erwachsenen eine Realität zu werden. Für andere Drogen, etwa Marihuana, Kokain und Heroin, sind die Daten ebenso eindeutig: amerikanische Jugendliche konsumieren davon ebensoviel wie die Erwachsenen.[19]

Solche Zahlen sind unmißverständliche Anzeichen für den Aufstieg des »Erwachsenen-Kindes«, aber daneben gibt es ähnliche Trends, in denen sich der Aufstieg des »Kind-Erwachsenen« andeutet. Die Tatsache z. B., daß »Altersheime« in Amerika zu einer wichtigen sozialen Institution geworden sind, spricht dafür, daß immer mehr junge Erwachsene nicht willens sind, die Verantwortung für ihre Eltern in vollem Umfang zu übernehmen. Die Aufgabe, für ältere Menschen zu sorgen und sie in das Familienleben zu integrieren, wird offensichtlich als unerträgliche Last empfunden, und die Ansicht, daß es Pflicht des Erwachsenen sei, sich dieser Aufgabe zu stellen, verliert rasch an Boden. Vielleicht noch bedeutsamer ist der Umstand, daß die jungen Erwachsenen von heute sehr viel seltener heiraten und weniger Kinder haben als die Generation ihrer Eltern. Außerdem sind die geschlossenen Ehen minder dauerhaft als früher. Dem National Center for Health Statistics, dem amerikanischen Amt für Gesundheitsstatistik, zufolge lassen sich heute doppelt so viele Elternpaare scheiden wie vor zwanzig Jahren, und mehr Kinder als je zuvor sind von diesen Scheidungen betroffen: im Jahre 1979 waren es 1,18 Millionen, gegenüber 562 000 im Jahre 1963. Obwohl diesem Trend vermutlich mehrere Ursachen zugrunde liegen, unter anderem auch das, was Christopher Lasch die »Karriere der narzißtischen Persönlichkeit« genannt hat, darf man doch behaupten, daß sich in ihm ein Verfall des Interesses der Eltern an der Kindererziehung abzeichnet. Das stärkste Argument gegen die Ehescheidung war stets ihre psychologische Wirkung auf die Kinder. Es ist offenkundig, daß heute mehr Erwachsene denn je dieses Argument für weniger ausschlaggebend halten als ihr eigenes Bedürfnis nach psychischem Wohlergehen. Vielleicht trifft sogar zu, daß immer mehr Amerikaner heute nicht mehr so sehr Eltern von

156

Kindern als vielmehr selbst Kinder sein wollen. Jedenfalls haben die Kinder auf diese neue Gefühlslage unter anderem dadurch reagiert, daß sie in Scharen von zu Hause ausreißen. Nach Angaben des FBI wurden im Jahre 1979 165 000 Kinder in polizeiliche Obhut genommen; man nimmt an, daß die Dunkelziffer wenigstens dreimal höher liegt.

Angesichts all dessen sollte man erwarten, daß sich eine Art von »Philosophie« herausbildet, die den Verlust der Kindheit zu rechtfertigen sucht. Vielleicht gibt es im gesellschaftlichen Leben ein Prinzip, das die Menschen nötigt, nach Möglichkeiten zu suchen, das zu bekräftigen und zu bestätigen, was ohnehin unvermeidlich ist. Doch wie dem auch sei – eine solche Philosophie hat sich tatsächlich entwickelt, und wir dürfen sie als Indiz für die Realität dessen betrachten, womit sie sich beschäftigt. Ich meine hier jene Tendenz, die man zuweilen die neue »Kinderrechtsbewegung« nennt – eine verwirrende Bezeichnung, denn unter ihrem Banner werden zwei einander im Grunde widersprechende Auffassungen von Kindheit vermengt. Die eine, die ich bei den folgenden Bemerkungen *nicht* im Auge habe, hält die Kindheit für etwas Wünschenswertes, hält sie zugleich aber für zerbrechlich und will die Kinder vor Vernachlässigung und Mißhandlung schützen. Sie plädiert z. B. für staatliche Eingriffe dort, wo die Verantwortung der Eltern versagt. Diese Vorstellung von Kindheit geht zurück auf das 19. Jahrhundert und markiert die Ausweitung jener Perspektive, die zum Verbot der Kinderarbeit, zur Entwicklung eines Jugendstrafrechts und anderen humanen Schutzmaßnahmen führte. Die *New York Times* hat die Verfechter dieser Idee einmal als »Kinderretter« tituliert.

Die andere Auffassung von den »Kinderrechten« lehnt die Überwachung und Kontrolle der Kinder durch die Erwachsenen ab und liefert eine »Philosophie«, die die Auflösung der Kindheit rechtfertigen soll. Sie vertritt die These, die soziale Kategorie »Kinder« sei in sich ein repressiver Gedanke, und es müsse alles getan werden, um Kinder und Jugendliche von den aus ihm erwachsenden Beschränkungen zu befreien. Diese Anschauung ist sehr viel älter als die erste, denn ihre Ursprünge reichen zurück in die Zeit des Mittelalters, als es »Kinder« im modernen Sinne des Wortes nicht gab.

Wie es in solchen Fragen häufig vorkommt, haben wir es hier mit einer »reaktionären« Position zu tun, deren Verfechter sich allerdings für »radikal« halten. Jedenfalls könnte man diese Leute als die »Kinderbefreier« bezeichnen. Einer der ersten von ihnen war der brillante Gesellschaftskritiker Ivan Illich, dessen einflußreiches Buch *Entschulung der Gesellschaft* (1972) gegen die Pflichtschule argumentierte, und zwar nicht nur, weil die Schulen nicht zu verbessern sind, sondern vor allem, weil die Pflichtschule die jungen Menschen daran hindert, vollen Anteil am Leben der Gemeinschaft zu nehmen, also daran, Erwachsene zu sein. Illich lieferte eine Neubestimmung der Beziehung zwischen Kindern und Schule, indem er behauptete, daß die Schule, in der die meisten Menschen eine hilfreiche, der Erziehung dienende Einrichtung sehen, in Wirklichkeit einen ungerechtfertigten Eingriff in das Leben und Lernen eines bestimmten Teils der Bevölkerung bedeute. Die Stärke von Illichs Argumentation rührt daher, daß Informationen heute so allgemein verbreitet und in so vielfältiger, differenzierte Schriftbeherrschung nicht erfordernder Gestalt zugänglich sind, daß die Schule vieles von ihrer Rolle als Quelle aller Bildung verloren hat. Und wenn die Unterscheidung zwischen Kindheit und Erwachsenenalter immer undeutlicher wird, wenn die Kinder Erwachsenheit immer weniger *erwerben* müssen und es da kaum etwas gibt, das sie erst *werden* müssen, dann wirkt der Zwangscharakter der schulischen Erziehung zusehends willkürlicher.

Dieser Eindruck wird noch dadurch verstärkt, daß die Pädagogen nicht mehr recht wissen, was sie mit den Kindern in der Schule anfangen sollen. Dem Gedanken, man solle Bildung zur höheren Ehre Gottes oder der Nation erwerben oder gar, um die Russen zu schlagen, mangelt es sowohl an ernsthaften Argumenten wie auch an seriösen Verfechtern, und so sind viele Pädagogen bereit, sich mit einem Einfall zufriedenzugeben, den Marx selbst entschieden abgelehnt hätte: die Schulerziehung diene der Vorbereitung auf den Eintritt ins Wirtschafts- und Konsumleben. In dieser Situation verliert die Kenntnis von Geschichte, Literatur und Kunst, die früher das Kennzeichen des gebildeten Erwachsenen war, viel von ihrer Bedeutung. Außerdem ist es keineswegs so ausgemacht, wie viele glauben, daß vor allem die Schulbildung ausschlaggebend für die späteren Verdienstmöglichkeiten sei. So ist das gesamte Gebäude unseres Erziehungswesens von gefährlichen Rissen durchzogen, und jene, die es am liebsten ganz abreißen würden, sind durchaus nicht falsch unterrichtet. Ja, in gewissem Sinne sind ihre Vorschläge sogar redundant. Wenn nämlich die Kindheit verschwindet, dann notwendigerweise auch die Schulen. Illich braucht darüber kein Buch zu schreiben, er braucht bloß abzuwarten.

Dies alles ist das Thema von John Holts Buch *Zum Teufel mit der Kindheit*. In ihm wie in anderen Büchern plädiert Holt für die Befreiung des Kindes aus den Fesseln einer dreihundertjährigen Leibeigenschaft. In seiner außerordentlichen Schrift *Menschenrechte für Kinder* (dt. 1975) hat Richard Farson die Argumentation Holts bis in ihre letzten Konsequenzen vorangetrieben. Farson plädiert dafür, dem Kind das Recht auf Information, auf die freie Entscheidung über seine Schulerziehung, auf sexuelle Freiheit, auf ökonomischen und politischen Einfluß und sogar auf die Wahl seiner Wohnumwelt sofort zurückzugeben. ». . . wir sollten uns die Tatsache vor Augen halten, daß wir in unserer Gesellschaft . . . bestimmt nicht fehlgehen können, wenn wir nach einem größeren Ausmaß an Freiheit streben.«[20] Farson, dem die Geschichte der Kindheit nicht unbekannt ist, hält offenbar das 14. und das 15. Jahrhundert für ein taugliches Modell zur Integration der Kinder und Jugendlichen in die Gesellschaft. Er erblickt das Haupthindernis für den Inzest in einem Schuldgefühl, das den Menschen unvernünftigerweise eingeflößt wird, und ist der Ansicht, das gesamte Sexualverhalten solle entkriminalisiert werden, auch sexuelle Beziehungen zwischen Erwachsenen und Kindern; außerdem sollten Vorkehrungen getroffen werden, um den Kindern die Möglichkeit zu geben, selbst zu entscheiden, wo und mit wem sie leben wollen – etwa in einem von ihnen selbst kontrollierten »Zuhause«; auch müsse den Kindern das Wahlrecht gewährt werden, »weil Erwachsene kaum Anteil an ihren Interessen nehmen und nichts zu ihrem Vorteil entscheiden«.[21]

Von einer solchen Kinderrechtsbewegung darf man wohl sagen, daß ihr die Idee zugrunde liegt, die Krankheit sei die Heilung. Neutraler formuliert: Wer in dieser Weise für die Interessen der Kinder ficht, der liefert, wie schon gesagt, im Grunde nur eine Rationalisierung für eine anscheinend unumkehrbare kulturelle Tendenz. Mit anderen Worten, nicht Farson ist der Gegner der Kindheit, sondern die amerikanische Kultur. Aber sie ist ihr nicht offen feindlich gesonnen, so wie man etwa sagen könnte, daß Amerika gegen den Kommunismus ist. Die amerikanische Kultur ist nicht *absichtlich* gegen die Kindheit. Tatsächlich enthält die Sprache, in der wir von Kindern sprechen, immer noch viel von der Idee der Kindheit, wie sie sich im 18. und 19. Jahrhundert herausgebildet hat. Aber ähnlich wie unsere Sprache eine Vorstellung vom Krieg bewahrt hat, die im 19. Jahrhundert entstanden ist und heute geradezu absurd erscheint, wird auch die Sprache, in der wir von Kindern sprechen, der gesellschaftlichen Wirklichkeit von heute nicht mehr gerecht. Denn nach hundert Jahren der Umgestaltung unserer Kommunikationsmedien, der in ihnen mitgeteilten Botschaften und der Voraussetzungen, die wir mitbringen müssen, um an alledem Anteil nehmen zu können, sind wir an den Punkt gelangt, wo Kinder nicht mehr vonnöten sind und wo (auch wenn wir es nicht einzugestehen wagen) selbst die älteren Menschen nicht mehr vonnöten sind. Farsons Vorschläge sind deshalb so erschreckend, weil er uns ohne jede Ironie und ohne Bedauern die Zukunft enthüllt.

Kapitel 9

Sechs Fragen

Schon zu Beginn dieses Buches habe ich erklärt, daß ich angesichts des Verschwindens der Kindheit keine »Lösungen« anzubieten habe, und deshalb möchte ich den Text mit einigen Fragen beschließen, die vielleicht auch dem Leser interessant erscheinen. Jede dieser Fragen tauchte irgendwann im Laufe meiner Beschäftigung mit diesen Problemen auf und hat mich dann nicht mehr losgelassen. An dieser Stelle nun möchte ich mich ihrer (wenigstens für den Augenblick) entledigen, d. h. ich habe versucht, sie mit Antworten zu versehen. Auch wenn die Leser andere Antworten vorziehen sollten, wäre mir das eine erfreuliche Bestätigung dafür, daß jedenfalls die Fragen selbst wichtig sind.

Wurde die Kindheit entdeckt oder erfunden?

Dieses Buch hebt an mit der Feststellung, die Kindheit sei ein gesellschaftliches Kunstprodukt und keine biologische Notwendigkeit. Leser, die sich in der Kinderpsychologie auskennen, werden diese These bestenfalls für problematisch und schlimmstenfalls für falsch halten. Unter Berufung auf Forscher wie Freud, Erik Erikson, Arnold Gesell und insbesondere Jean Piaget geht man gemeinhin davon aus, daß die kindliche Entwicklung von biologischen Imperativen gelenkt wird. Jean Piaget bezeichnet seine Untersuchungen geradezu als »genetische Erkenntnistheorie« und will damit zum Ausdruck bringen, daß die intellektuelle Geschichte des Kindes von Stufe zu Stufe einem genetischen Prinzip folgt. Ich habe diese Interpretation nicht aufgegriffen, weil sie für die hier erörterten Probleme größtenteils irrelevant ist. Tatsächlich hat es die *Idee der Kindheit als sozialer Struktur* im Mittelalter nicht gegeben, sie entstand im 16. Jahrhundert und ist heute im Begriff, wieder zu verschwinden. Wenn allerdings Piaget recht hat, dann wurde die Kindheit durch die Kultur des gedruckten Wortes nicht erfunden, sondern bloß entdeckt, und die Informationsumwelt von heute wird die Kindheit nicht zum Verschwinden bringen, sondern allenfalls in den Hintergrund drängen.

Meiner Ansicht nach sind die Studien Piagets durch seinen im wesentlichen unhistorischen Ansatz beschränkt. Zu wenig Aufmerksamkeit hat er dem Umstand geschenkt, daß die von ihm an Kindern beobachteten Verhaltensweisen in früheren Zeiten möglicherweise gar nicht vorkamen oder zumindest ganz anders beschaffen waren. Trotzdem hoffe ich im stillen, daß er recht hat. Denn dann hätten wir Grund zu der Hoffnung, daß sich die Kindheit, sofern auch nur die geringste Chance dazu besteht, in ihrer Existenz behauptet. Denn »Mutter Natur« läßt sich, wie man sagt, nicht zum Narren halten, jedenfalls nicht auf Dauer. Wenn aber die Kindheit, wie ich vermute, einzig und allein ein Produkt der Kultur ist, dann müßte zunächst eine tiefgreifende Umstrukturierung der kommunikativen Umwelt erfolgen, bevor sie erneut in Erscheinung treten kann. Und dazu wird es vielleicht nie kommen. Wir müssen deshalb mit der Möglichkeit rechnen, daß die Kindheit ein zeitweiliger »Irrweg« innerhalb der Kulturgeschichte ist – so wie die Pferdekutsche oder das schwarze Geschnörkel auf weißen Buchseiten.

Ich möchte mich hier mit der folgenden Formulierung begnügen und hoffe, daß die künftige Forschung sie bestätigen wird: Die Kindheit läßt sich mit dem Erlernen von Sprache vergleichen. Sie besitzt eine biologische Grundlage, nimmt jedoch keine reale Gestalt an, solange es keine gesellschaftliche Umwelt gibt, die diese bestimmte Entwicklung auslöst und fördert; solange es kein Bedürfnis danach gibt, daß die Kindheit sich entwickelt. Wenn eine Kultur von einem Medium dominiert wird, das die Absonderung der Kinder verlangt, damit sie unnatürliche, spezialisierte und hochkomplexe Fertigkeiten und Verhaltensweisen erlernen, dann entsteht notwendigerweise auch eine deutlich umrissene Form von Kindheit. Wenn die Kommunikationsbedürfnisse einer Kultur die langfristige Absonderung der Kinder nicht erfordern, dann bleibt die Kindheit stumm.

Kündigt sich im Verfall der Kindheit ein allgemeiner Verfall der amerikanischen Kultur an?

Amerika ist die erste und derzeit noch die einzige Kultur, die ganz unter der Herrschaft der Technik des 20. Jahrhunderts lebt. Von ganz wenigen Ausnahmen abgesehen, waren die Amerikaner bereit, ihre Landschaft, ihre Städte, ihr Geschäftsleben, ihr Familienleben und ihr Denken den Erfordernissen dessen anzupassen, was sie gern als den »technischen Fortschritt« bezeichnen. Daher kann man wohl sagen, daß sich Amerika heute mitten in seinem »Dritten Großen Experiment« befindet, und dessen Ausgang steht keineswegs fest.

Das »Erste Große Experiment« – Thomas Paine nannte es eine »Revolution der Prinzipien und der Praxis des Regierens« – begann im späten 18. Jahrhundert und stellte die Frage: Ist die Freiheit des Denkens und der Meinungsäußerung eine Idee, auf der man ein politisches System errichten kann? Das »Zweite Große Experiment« begann um die Mitte des 19. Jahrhunderts; es war gesellschaftlicher Art und stellte die Frage: Kann ein Gemisch verschiedenster Volksgruppen aus allen Teilen der Welt, jede mit einer eigenen Sprache, eigenen Traditionen und eigenen Gewohnheiten versehen, zu einer Kultur zusammengeschweißt werden? Man darf wohl sagen, daß beide Experimente, von gewissen Fehlschlägen abgesehen, relativ erfolgreich verlaufen sind und von der übrigen Welt mit Staunen und Neid beobachtet wurden.

Das »Dritte Große Experiment« begann am Anfang dieses Jahrhunderts und stellt die Frage: Kann eine Kultur humane Wertvorstellungen bewahren und neue hervorbringen, wenn sie zuläßt, daß die moderne Technik den denkbar größten Einfluß auf ihr Schicksal gewinnt? Aldous Huxley und George Orwell haben ihre Antwort hierauf gegeben, sie lautet: »Nein.« Lewis Mumford hat seine Antwort ebenfalls gegeben: »Wahrscheinlich nicht.« Im gleichen Sinne hat sich Norbert Wiener geäußert. Jacques Ellul gibt seine Antwort in fast alljährlich erscheinenden Berichten, und sie enthalten ein geradezu schallendes »Nein«. Zu denen, die auf die eine oder andere Weise mit »Ja« antworten, gehören Buckminster Fuller, Alvin Toffler, Melvin Kranzberg, Samuel Florman und Isaac Asimov, wobei der letztere sich einigermaßen freudetrunken über die Errungenschaften und Möglichkeiten der Technik gebärdet. Offenbar ist diese Frage noch offen, und es ist zulässig, Mutmaßungen über sie anzustellen. Daß man die Technik selbst zu einem Gott erhoben hat, daß der politische Prozeß viel von seiner Würde verloren hat, daß die Mentalität der Erwachsenen zusehends verkümmert und daß die Kindheit verblaßt – all dies sind betrübliche Anzeichen. Die übrige Welt verfolgt aufmerksam, ob es Amerika gelingt, die Zerstückelung seiner eigenen Vergangenheit zu überleben, und wird daraus Schlußfolgerungen für die eigenen Pläne ziehen.

Aber Amerika hat noch nicht angefangen *nachzudenken*. Der Schock der modernen Technik hat unsere Gehirne gelähmt, und wir beginnen eben erst, die geistige und soziale Trümmerlandschaft in Augenschein zu nehmen, die uns unsere Technik beschert hat. Doch nicht allen hat es die Sprache verschlagen. Man denke etwa an die scharfe Kritik, die Ralph Nader schon 1965 in seinem Buch *Unsafe at Any Speed* an einem zentralen Element unserer technischen Welt geübt hat. Sie kam zwar erst, *nachdem* die Amerikaner zugelassen hatten, daß das Auto ihre Landschaft, ihre Städte und ihr gesellschaftliches Leben veränderte, aber immerhin, sie kam. Und andere Kritiken und Landkarten des von uns eingeschlagenen Weges folgten ihr (oder gingen ihr sogar, ziemlich umbemerkt, voraus): McLuhans Buch *Die magischen Kanäle,* Jacques Elluls *The Technological Society,* Norbert Wieners *Mensch und Menschenmaschine,* Joseph Weizenbaums *Die Macht der Computer und die Ohnmacht der Vernunft,* Lewis Mumfords *Mythos der Maschine,* Kenneth Bouldings *The Meaning of the Twentieth Century,* Daniel Boorstins *Das Image,* um nur einige zu nennen. Wenn solche Bücher und andere, die noch kommen werden, den Amerikanern zu mehr Nachdenklichkeit und Distanz verhelfen und ihnen Hinweise dafür an die Hand geben könnten, wie sie die Technik ihren Zielen dienstbar machen können (statt daß das Umgekehrte geschieht), dann besteht Grund zu der Hoffnung, daß die ersten Symptome einer kulturellen Desintegration keinen dauerhaften Verfall anzeigen. Was die Kindheit betrifft, so glaube ich, daß sie auf lange Sicht ein Opfer des Geschehens sein wird. Die Elektrizität führt jene Informationsumwelt, aus der die Kindheit hervorgegangen ist, ad absurdum. Aber wenn wir die Kindheit verlieren, so müssen wir doch nicht alles verlieren. Auch die Druckerpresse hat schließlich den Zusammenhalt einer weltumspannenden Religionsgemeinschaft gesprengt, hat die Intimität und Poesie mündlicher Überlieferung zerstört, regionale Loyalitätsbeziehungen untergraben und ein erbarmungslos unpersönliches Industriesystem hervorgebracht. Und doch hat die abendländische Zivilisation einige ihrer humanen Wertvorstellungen über diesen Bruch hinweggerettet und war fähig, neue auszuprägen, nicht zuletzt diejenigen, die mit der Erziehung der Kinder verknüpft sind. Jetzt, da sich der erste Schock über das, worauf wir uns eingelassen haben, langsam legt, können wir uns durch vermehrte Denkanstrengungen immer noch in eine bessere Lage bringen, so daß wir am Ende für etwas einstehen, das zu retten sich lohnt.

Inwiefern tragen die »moralische Mehrheit« und andere Fundamentalisten-Gruppen zur Bewahrung der Kindheit bei?

Wenn man es in den fünfziger Jahren einmal wagte, darauf hinzuweisen, daß die Kommunistische Partei in irgendeiner Frage eine gute Idee entwickelt habe, dann mußte man sich – wie ältere Leser vielleicht bestätigen können – auf den Vorwurf gefaßt machen, man sei ein »Trittbrettfahrer« der Partei oder, schlimmer noch, ein eingeschriebenes Mitglied. In bestimmten Kreisen trifft man heute auf eine ähnliche Einstellung hinsichtlich der orthodox protestantischen Fundamentalisten-Bewegung. Wer verlauten läßt, daß er mit der fundamentalistischen Position in irgendeinem Punkt übereinstimmt, der weckt sogleich den Verdacht, er habe der liberalen Tradition den Rücken gekehrt. Um mich von Anfang an gegen solche Anwürfe zu wappnen, betone ich, daß ich die Wiederbelebung des Fundamentalismus für potentiell gefährlich halte, weil diese Bewegung durch religiöse Bigotterie und eine Vorliebe für autoritäre politische Lösungen geprägt ist. Außerdem habe ich den Eindruck, daß viele fundamentalistischen Christen ihr Land mehr lieben als Gott und daß nichts sie so glücklich macht wie das, was ihren Herrn verzweifeln ließe: die Erweiterung der Arsenale ihres Landes um neue Vernichtungswaffen.

Und doch hat die »moralische Mehrheit«, wie schon gesagt, genauer als jede andere Gruppe des politischen Gemeinwesens erkannt, welche Folgen die neue Informationsumwelt für die Kinder gehabt hat. Die Versuche dieser Bewegung, wirtschaftliche Boykottmaßnahmen gegen die Sponsoren bestimmter Fernsehsendungen zu organisieren, ihre Versuche, Zurückhaltung gegenüber der Sexualität zu propagieren, ihre Bemühungen, Schulen einzurichten, die auf der Wahrung strenger Verkehrsformen beharren, sind Beispiele für ein aktives, auf die Erhaltung der Kindheit zielendes Programm. Keiner dieser Versuche wird dieses Ziel tatsächlich erreichen, denn sie sind allzu beschränkt, kommen zu spät und stellen sich dem Problem einer umstrukturierten Informationsumwelt im Grunde gar nicht. Dennoch halte ich diese Bemühungen für begrüßenswert, und – wer weiß? – vielleicht tragen sie dazu bei, die Auflösung der Kindheit zu verlangsamen, so daß wir genügend Zeit haben, uns darauf einzustellen, daß sie einmal nicht mehr da sein wird.

Die liberale Tradition (oder der weltliche Humanismus, wie ihn die »moralische Mehrheit« verächtlich nennt) hat in diesen Angelegenheiten jämmerlich wenig zu bieten gehabt. So konnte es geschehen, daß die liberalen Verfechter der bürgerlichen Freiheit, die sich den Boykottaufrufen gegen die Fernseh-Sponsoren widersetzten, schließlich den merkwürdigen Standpunkt einnahmen, es sei besser, wenn die moralischen Maßstäbe von Procter & Gamble die Fernsehinhalte bestimmten, als wenn die der Königin Victoria dies täten. Soweit eine politische Philosophie den kulturellen Wandel beeinflussen kann, hat die liberale Tradition mit ihrer bereitwilligen Aufnahme all dessen, was modern ist, und ihrer Ablehnung all dessen, was »die Uhr zurückstellt«, den Niedergang der Kindheit jedenfalls eher begünstigt. Aber in mancher Hinsicht geht diese Uhr einfach falsch, und die »moralische Mehrheit« könnte uns daran erinnern, daß es einmal eine Welt gab, die Kinder gastfreundlich aufnahm und eine tiefe Verantwortung für ihre Zukunft empfand. Auch wenn wir die Arroganz der »moralischen Mehrheit« mißbilligen, ist es meiner Meinung nach doch zulässig, daß wir uns einige ihrer Ermahnungen zunutze machen.

Gibt es Kommunikationstechniken, die das gesellschaftliche Bedürfnis nach Kindheit zu stützen vermögen?

Die einzige Technologie, die diese Fähigkeit besitzt, ist der Computer. Um einen Computer zu programmieren, muß man vor allem eine Sprache erlernen. Man muß also über komplexe analytische Fertigkeiten verfügen, die einer besonderen Ausbildung bedürfen, ähnlich denen, die von einem erfahrenen Leser oder Schreiber verlangt werden. Sollte man es in Zukunft für notwendig erachten, daß jeder weiß, wie Computer funktionieren, wie sie die Welt ihrer spezifischen Perspektive unterwerfen, wie sie unseren Begriff von Urteilskraft verändern – sollte man also in Zukunft eine allgemein verbreitete Computer-Literalität für geboten halten, dann ist es denkbar, daß die schulische Ausbildung der Kinder an Bedeutung noch gewinnt und daß eine von der Erwachsenenkultur unterschiedene Jugendkultur weiterhin bestehenbleibt. Eine solche Entwicklung würde freilich von zahlreichen Faktoren abhängen. Die potentiellen Effekte eines Mediums können sehr wohl durch die Art seiner Verwendung ausgeschaltet werden. Von seinem Wesen her verfügt z. B. das Radio über die Möglichkeit, Kraft und Poesie des gesprochenen Worts hervorzuheben und zu vertiefen, und in manchen Teilen der Welt wird das Radio tasächlich in diesem Sinne genutzt. In Amerika aber ist es, teils infolge der Konkurrenz mit dem Fernsehen, zu einem bloßen Anhängsel der Musikindustrie geworden. Und so kommt es, daß eine artikulierte, entfaltete Sprache im Radio praktisch keinen Platz hat (wenn man einmal von der großartigen Ausnahme des National Public Radio absieht). Es muß also nicht unbedingt dahin kommen, daß der Computer bei der Masse der Bevölkerung die Fähigkeit zu folgerichtigem, logischem und komplexem Denken fördert. Gewissen ökonomischen und politischen Interessen ist mehr damit gedient, wenn sich der größte Teil einer die Schrift allenfalls halbwegs beherrschenden Bevölkerung mit visuellen Computerspielen unterhält, wenn die Menschen

Computer benutzen und von ihnen benutzt werden, ohne daß sie etwas davon verstehen. Der Computer bliebe dann etwas Geheimnisvolles und stünde weiterhin unter der Kontrolle einer bürokratischen Elite. Eine schulische Ausbildung der Kinder wäre nicht vonnöten, und die Kindheit könnte auf ihrem Weg in die Vergessenheit ungehindert weitergehen.

Gibt es soziale Institutionen, die stark genug und engagiert genug sind, um sich dem Niedergang der Kindheit zu widersetzen?

Es gibt nur zwei Institutionen, die hieran ein Interesse haben: die Familie und die Schule. Wie schon gesagt, ist die Familie in ihrer Struktur und ihrer Autorität heute dadurch erheblich geschwächt, daß die Eltern die Kontrolle über die Informationsumwelt der Kinder verloren haben. Margaret Mead hat das Fernsehen einmal als den »zweiten Elternteil« bezeichnet; sie meinte damit zweifellos, daß Kinder heute in der Tat mehr Zeit vor dem Fernseher verbringen als mit ihren Vätern. In diesem Sinne müßte man die Väter sogar als den vierten oder fünften Elternteil ansehen, weit abgeschlagen hinter Fernsehen, Schallplatten, Radio und Kino. Offenbar ermuntert durch solche Tendenzen hatte die Firma Bell Telephone die Unverfrorenheit, Vätern vorzuschlagen, für ihre Kinder den Telephon-Service »Wähl dir eine Geschichte« zu benutzen, statt ihnen selbst eine Geschichte zu erzählen. Es ist jedenfalls klar, daß die Medien die Rolle der Familie bei der Ausformung der Wertvorstellungen und Wahrnehmungsweisen von Kindern eingeschnürt haben.

Zudem und möglicherweise aufgrund der verstärkten Einflußnahme der Medien haben viele Eltern das Vertrauen in ihre Fähigkeit, Kinder zu erziehen, verloren; sie halten ihr Wissen und ihre Ansichten in Erziehungsfragen nicht mehr für zuverlässig. Das hat nicht nur zur Folge, daß sie sich dem Einfluß der Medien nicht widersetzen, sondern auch, daß sie sich zunehmend an Experten wenden, die angeblich wissen, was für die Kinder am besten ist. So dringen Psychologen, Sozialarbeiter, Erziehungsberater, Lehrer und andere Vertreter einer institutionellen Perspektive in immer weitere Bereiche der elterlichen Autorität vor, und zwar meist auf Einladung. Dadurch gehen Intimität, Bindung und Loyalität, die traditionellen Merkmale der Eltern-Kind-Beziehung, immer mehr verloren. Zuweilen wird heute sogar die Auffassung vertreten, die Eltern-Kind-Beziehung sei ihrem Wesen nach neurotisch, und Institutionen seien eher in der Lage, für das Wohl der Kinder zu sorgen, als deren Familien.

Noch verheerender für die prägende Kraft der Familie ist die Bewegung zur Befreiung der Frau. Um hier nicht mißverstanden zu werden, möchte ich vorab klarstellen, daß die Befreiung der Frauen aus ihren begrenzten gesellschaftlichen Rollen eine der wirklich humanen Auswirkungen der technologischen Revolution ist und die volle Unterstützung aufgeklärter Menschen verdient. Es läßt sich aber auch nicht leugnen, daß die traditionellen Formen der Kindererziehung an Bedeutung und Kraft einbüßen, wenn die Frauen sich ihren Platz im Geschäftsleben, in den Künsten, in der Industrie oder in den freien Berufen suchen. Denn sosehr man die Beschränkung ihrer Rolle auf die Aufgaben der Kindererziehung kritisieren mag – es ist doch eine Tatsache, daß die Kindheit in der Vergangenheit unter der Obhut der Frauen – und nur der Frauen – stand, die sie formten und beschützten. Es ist unwahrscheinlich, daß Männer eine ähnliche Rolle, wie die Frauen sie gespielt haben, übernehmen werden, auch wenn dies noch so vernünftig wäre. Wenn sich nun beide Eltern der Welt außerhalb der Familie zuwenden, werden die Kinder zu einer Belastung, und die Ansicht, die Kindheit solle so früh wie möglich enden, gewinnt immer mehr an Boden. Aus alledem darf man schließen, daß die amerikanische Familie der Verkürzung und Auflösung der Kindheit – sofern die gesellschaftlichen Trends nicht eine Wendung um hundertachtzig Grad machen – keinen aussichtsreichen Widerstand entgegensetzen wird.

Die Schule nun ist die einzige uns verbliebene öffentliche Einrichtung, die auf der Annahme ruht, daß es wichtige Unterschiede zwischen Kindheit und Erwachsenheit gibt und daß die Erwachsenen den Kindern etwas Sinnvolles zu vermitteln haben. Aus diesem Grund gibt es immer noch Optimisten, die Bücher schreiben, in denen sie Pädagogen praktische Ratschläge erteilen. Aber der Autoritätsverfall der Schulen ist unverkennbar, und inmitten einer radikal veränderten Kommunikationsstruktur sind sie (um Marshall McLuhan zu zitieren) eher Haftanstalten als Bildungsanstalten. Bei den Pädagogen breitet sich Verwirrung aus, weil sie nicht mehr recht wissen, was man von ihnen als Lehrer erwartet. Wo es z. B. schwieriger wird, Kindern Lesen und Schreiben beizubringen, verlieren selbst die Pädagogen ihre Begeisterung für diese einst so ehrenvolle Aufgabe und stellen sich die Frage, ob man solchen Unterricht nicht ganz abschaffen sollte. Oder ein anderes, nicht minder deprimierendes Beispiel: An einigen Schulen belastet man Kinder schon im Alter von elf und zwölf Jahren mit einem sogenannten »Karriere-Training« – auch dies ein deutliches Symptom für das Wiederaufleben des »kleinen Erwachsenen«. Es ist offenkundig, daß die Schule gesellschaftliche Trends eher reflektiert als aktiv dirigiert und daß sie kaum in der Lage ist, sich ihnen zu widersetzen.

Dennoch wird sich die Schule als eine Hervorbringung der Schriftkultur nicht so ohne weiteres dem Angriff auf ihren Ursprung beugen. In der einen oder anderen Weise und unabhängig davon, wie schwach ihre Kräfte sind, wird die Schule das letzte Bollwerk gegen das Verschwinden der Kindheit sein.

Es versteht sich von selbst, daß dieser Widerstand in absehbarer Zeit, wenn alle Lehrer und alle Angehörigen der Schulverwaltung selbst zu Geschöpfen des Fernsehzeitalters geworden sind, nicht nur alle ihm etwa noch verbliebene Kraft verlieren wird, sondern daß dann auch niemand mehr weiß, wogegen er sich richtete.

Ist der einzelne gegenüber der sich abzeichnenden Entwicklung ohnmächtig?

Die Antwort auf diese Frage lautet meiner Ansicht nach: »Nein.« Der einzelne kann sich dieser Entwicklung durchaus widersetzen, doch wie jeder Widerstand, so fordert auch dieser seinen Preis. Genauer gesagt, dieser Widerstand bringt es mit sich, daß man das Elterndasein selbst als einen Akt der Rebellion gegen die amerikanische Kultur auffassen muß. Allein schon daß Eltern verheiratet bleiben, ist ein Akt des Ungehorsams, ein Affront gegen den »Geist« einer Wegwerfkultur, in der Kontinuität kaum etwas bedeutet. Es ist auch höchst unamerikanisch, wenn man in direkter Nähe zur erweiterten Familie bleibt, so daß die Kinder täglich die Bedeutung von Verwandtschaft, den Respekt gegenüber älteren Menschen und die Verantwortung für sie erfahren können. Und wer darauf drängt, daß die eigenen Kinder lernen, den Wunsch nach unmittelbarer Bedürfnisbefriedigung zu disziplinieren, in ihrer Sexualität Mäßigung und in Gesittung, Sprache und Stil Zurückhaltung zu üben, der gerät in einen Gegensatz zu fast allen Trends der amerikanischen Gesellschaft. Darauf zu achten, daß die eigenen Kinder durch Anstrengung zu einer entwickelten Schriftbeherrschung gelangen, ist außerordentlich zeitaufwendig und sogar kostspielig. Nichts aber ist aufrührerischer als der Versuch, die Einwirkung der Medien auf die eigenen Kinder zu kontrollieren. Es gibt zwei Möglichkeiten, dies zu tun. Die erste besteht darin, das Ausmaß, in dem Kinder Medien ausgesetzt sind, zu begrenzen. Die zweite besteht darin, sorgfältig zu verfolgen, welchen Inhalten sie ausgesetzt sind, und dies durch eine fortlaufende kritische Auseinandersetzung mit den dabei zum Ausdruck kommenden Themen und Werten zu begleiten. Beides ist schwierig zu bewerkstelligen und erfordert ein Maß an Aufmerksamkeit, das die meisten Eltern für die Kindererziehung nicht aufzubringen bereit sind.

Dennoch, es gibt Eltern, die sich darauf eingelassen haben, all dies zu tun, die den »Anweisungen« ihrer Kultur trotzen. Diese Eltern verhelfen ihren Kindern nicht nur zu einer wirklichen Kindheit, sie schaffen gleichzeitig auch eine Art von intellektueller Elite. Auf kurze Sicht nämlich werden Kinder, die in solchen Familien aufwachsen, gewiß größere Chancen im Geschäftsleben, in den freien Berufen und sogar in den Medien selbst haben.

Und was läßt sich über die längerfristige Entwicklung sagen? Wohl nur dieses: Eltern, die sich dem Zeitgeist widersetzen, tragen zur Entstehung eines »Kloster-Effekts« bei, denn sie helfen mit, die Tradition der Humanität wachzuhalten. Es ist nicht vorstellbar, daß unsere Kultur vergißt, daß sie Kinder braucht. Aber daß Kinder eine Kindheit brauchen, hat sie schon halbwegs vergessen. Jene, die sich weigern, zu vergessen, leisten einen kostbaren Dienst.

Anmerkungen

Einleitung

1 Walzer, S. 358.
2 Plumb, S. 6.
3 Boorstin, *The Republic,* S. 64.

Kapitel 1: Als es keine Kinder gab

1 Cowley, S. 14.
2 Professor Lawrence Stone, Direktor des Shelby Cullom Davis Center for Historical Studies an der Princeton University, gibt an, daß zwischen 1971 und 1976 mehr als 900 wichtige Bücher und Aufsätze zur Geschichte der Kindheit und der Familie erschienen sind. Im Gegensatz dazu seien in den dreißiger Jahren im Jahr durchschnittlich nur etwa zehn wissenschaftliche Bücher und Aufsätze veröffentlicht worden.
3 In ihrem Buch *The Greek Way* erzählt Edith Hamilton eine Legende von einem griechischen Maler, die als Indiz dafür gelten könnte, daß es nicht ungewöhnlich war, einen Knaben zu malen: Ein griechischer Maler stellte das Gemälde eines Knaben aus, der Trauben hielt, die so lebensecht aussahen, daß Vögel herbeiflogen, um an ihnen zu picken. Als man den Maler als großen Meister lobte, entgegnete er: »Wenn ich einer wäre, dann hätte der Knabe die Vögel ferngehalten.« Edith Hamilton schließt hieraus, daß sich nach den Vorstellungen des Griechen nichts Schöneres denken ließ als das Wirkliche. Trauben sollten so gemalt werden, daß sie wie Trauben aussahen, und Knaben so, daß sie wie Knaben aussahen. Tatsächlich aber sind uns solche Bilder von Knaben – wenn wir von der Bedeutung ausgehen, die wir diesem Wort beilegen – aus der griechischen Welt nicht überliefert.
4 DeMause, S. 47.
5 DeMause, S. 66.
6 DeMause, S. 33.

7 Plumb, S. 7.
8 Zit. n. deMause, S. 73.
9 Elias, Bd. 1, S. 249.
10 DeMause, S. 50.
11 Havelock, *Origins,* S. 52.
12 Havelock, *Origins,* S. 65.
13 Havelock, *Origins,* S. 65.
14 Gimpel, S. 9.
15 Chaytor, S. 10.
16 Tuchman, S. 67.
17 Havelock, »Literate Communication«, S. 91.
18 Tuchman, S. 59.
19 Plumb, S. 6.
20 Ariès, S. 231.
21 Ariès, S. 559.
22 Plumb, S. 6.
23 Plumb, S. 7.
24 Diese Beschreibung folgt Elias, Bd. 1, S. 92.
25 Elias, Bd. 1, S. 88.
26 DeMause, S. 65.
27 Père de Dainville, zit. n. Ariès, S. 178 f.
28 Ariès, S. 179.
29 Ariès, S. 98.
30 Burke, S. 161.
31 Tucker, S. 329.
32 Pinchbeck u. Hewitt, Bd. 2, S. 300.
33 Tuchman schreibt weiter, daß Frauen meist dargestellt werden »als leichtsinnig und lüstern, als Heilige und Märtyrerinnen in den Dramen oder als die unerreichbaren Gestalten der leidenschaftlichen, unerlaubten Liebe der Ritterromane«. Tuchman, S. 56.
34 Tuchman, S. 56.
35 Ariès, S. 108 f.
36 Tuchman, S. 56.

Kapitel 2: Die Druckerpresse und der neue Erwachsene

1 Eisenstein, S. 119.
2 Zit. n. Eisenstein, S. 121 f.
3 Eisenstein, S. 119.
4 Eine ausführliche Diskussion der verschiedenen Prioritätsansprüche findet sich bei Butler, S. 88–110.
5 Zit. n. Steinberg, S. 19 f.
6 Gilmore, S. 186.
7 Nach der Darstellung von James Carey, dem Dekan der School of Communication an der University of Illinois, in einem unveröffentlichten Auf-

satz »Canadian Communication Theory: Extensions and Interpretations of Harold Innis«.

8 Zu James Careys unveröffentlichtem Aufsatz vgl. Anm. 7.

9 Eine detaillierte Untersuchung der Auswirkungen der Erfindung des Steigbügels auf die Gesellschafts- und Wirtschaftsordnung Europas findet sich bei Lynn White jr., *Die mittelalterliche Technik und der Wandel der Gesellschaft,* S. 25 ff.

10 White, S. 31.

11 Burke, S. 105.

12 McLuhan, S. 263 ff.

13 Eisenstein, S. 230.

14 McLuhan, S. 263.

15 Eisenstein, S. 400.

16 Eisenstein, S. 233.

17 Noch im 19. Jahrhundert bestand die Tradition, das Vorlesen als Übung für den öffentlichen Vortrag zu verwenden. Das Ziel der Elementarschulfibeln des amerikanischen Pädagogen William Holmes McGuffey etwa bestand darin, eher das Ohr als das Auge zu trainieren.

18 Löwenthal, S. 75.

19 Mumford, S. 136.

20 Pinchbeck u. Hewitt, Bd. 1, S. 5 f.

21 Eisenstein, S. 78.

22 Barincou, S. 37.

23 Eisenstein, S. 105.

24 Eisenstein, S. 103 f.

25 Eisenstein, S. 102.

26 Zit. n. Eisenstein, S. 102.

27 Stone, »Educational Revolution«, S. 43.

28 Stone, »Literacy and Education«, S. 76 f.

Kapitel 3: Die Wiege der Kindheit

1 Plumb, S. 9.

2 Mumford, S. 137.

3 Stone, »Literacy and Education«, S. 71.

4 Stone, »Literacy and Education«, S. 80.

5 Stone, »Literacy and Education«, S. 78 f.

6 Pinchbeck u. Hewitt, Bd. 1, S. 23.

7 Pinchbeck u. Hewitt, Bd. 1, S. 23 f.

8 Stone, »Educational Revolution«, S. 42.

9 Stone, »Educational Revolution«, S. 42.

10 Stone, »Educational Revolution«, S. 43.

11 Stone, »Literacy and Education«, S. 99.

12 Stone, »Educational Revolution«, S. 68.

13 Stone, »Literacy and Education«, S. 74.
14 Pinchbeck u. Hewitt, Bd. 1, S. 42.
15 Plumb, S. 9.
16 Ariès, S. 283 f.
17 Ariès, S. 283.
18 Eisenstein, S. 133 f.
19 Ariès, S. 112 ff.
20 Ausführlich werden die Veränderungen in der Kindererziehung des 17. Jahrhunderts bei Illick, S. 303–350, erörtert.
21 Pinchbeck u. Hewitt, Bd. 2, S. 299.
22 Ariès, S. 509 ff.
23 Eisenstein, S. 133.
24 Du Boulay, S. 90 f.
25 Eisenstein, S. 89.
26 Plumb, S. 9.
27 Zit. n. Illick, S. 316 f.
28 Elias, Bd. 1, S. 245.
29 Ariès, S. 153 ff.

Kapitel 4: Der Weg der Kindheit

1 Stone, »Literacy and Education«, S. 92.
2 Zit. n. Pinchbeck u. Hewitt, Bd. 2, S. 354.
3 Pinchbeck u. Hewitt, Bd. 2, S. 351 f.
4 Anscheinend war diese abscheuliche Praxis sowohl in England als auch auf dem Kontinent verbreitet.
5 Stone, »Literacy and Education«, S. 119.
6 Stone, »Literacy and Education«, S. 90.
7 Stone, »Literacy and Education«, S. 129.
8 Eindrucksvolle Beispiele für die Art und Weise solcher Angriffe auf die Familie liefern Donzelot und Lasch.
9 Siehe deMause.
10 Locke, S. 23 f., S. 52 f.
11 Ariès, S. 87.
12 Zur Geschichte dieser Organisation vgl. Payne.
13 Vgl. hierzu Wishy, S. 117.
14 Dewey, S. 55.

Kapitel 5: Der Anfang vom Ende

1 Die Fachleute scheinen sich nicht ganz einig darin zu sein, ob Morse diese Frage tatsächlich übermittelt hat oder nicht. Ein Kenner der Materie behauptet jedenfalls, Morses erste öffentliche Kabelbotschaft habe eine ganz andere Stimmung ausgedrückt, ihr Wortlaut sei nämlich gewesen: »Achtung Universum.«

2 Zit. n. *Dreadnaught Broadside,* einem Papier, das von Studenten der University of Toronto herausgebracht wurde.
3 Siehe Boorstin, *Das Image.*
4 Eine ausführlichere Erörterung der epistemologischen Tendenzen unterschiedlicher Formen von Symbolisierung findet sich bei Langer, Salomon und Postman (insbesondere bei dem zuletzt Genannten, S. 47–70).
5 Arnheim, S. 165.
6 Heilbronner, S. 40.
7 Barthes, S. 86 f.
8 Strenggenommen war das semitische »Alphabet« eine Silbenschrift und kein echtes Alphabet, aber der Übergang zur phonetischen Literalität war dennoch ein entscheidender Schritt in der psychologischen Geschichte der abendländischen Kultur.
9 Ausführlich wird die Entwicklung der phonetischen Literalität bei Taylor, *The History of the Alphabet,* dargestellt.
10 Vgl. hierzu Havelock, *Origins of Western Literacy.*
11 Das Zitat stammt aus einem unveröffentlichten Buch von Reginald Damerall von der University of Massachusetts.
12 Leser, die sich für das Verhalten von Kleinkindern vor dem Fernseher interessieren, sollten die Untersuchungen von Daniel R. Anderson, Department of Psychology, University of Massachusetts, zu Rate ziehen.
13 Mankiewicz u. Swerdlow, S. 17.

Kapitel 6: Das Medium der totalen Enthüllung

1 Zum Begriff des Pseudo-Ereignisses vgl. Boorstin, *Das Image.*
2 Siehe D. G. Singer, J. L. Singer, D. M. Zuckerman, *Teaching Television.*
3 Es ist natürlich möglich, durch staatliche Eingriffe das Fernsehen und damit die Informationen, die es zugänglich macht, zu kontrollieren, und in den meisten Ländern der Erde geschieht dies auch. Aber überall, wo die Programmgestaltung des Fernsehens nicht durch staatliche Restriktionen eingeengt ist, entwickelt sich das Fernsehen entsprechend dem amerikanischen Muster.
4 Wie das Fernsehen vormals verhüllte Informationen zugänglich macht, ist ausgezeichnet dargestellt bei Joshua Meyrowitz, *No Sense of Place: A Theory on the Impact of Electronic Media on Social Structure and Behavior,* unveröffentlichte Doktorarbeit, New York University 1978.
5 Wenn man die geläufigen Metaphern der Genetik akzeptiert, wird natürlich auch die Frage, wer männlichen und wer weiblichen Geschlechts sein wird, durch Information bestimmt, nämlich durch genetische Information.
6 Mead, S. 98.

7 Siehe den Artikel »Sexual Portrayals Using Children Legal Unless Ob-
scene, Court Rules«, *The New York Times,* 13. Mai 1981, S. 1.
8 Bettelheim, S. 9 f.
9 Zit. n. Mead, S. 98.

Kapitel 7: Der Kind-Erwachsene

1 Siehe Bernsteins Kritik in *The Dial,* Bd. 2, Nr. 6 (Juni 1981), S. 46–49.
2 Zit. n. *Backstage,* 19. Juni 1981, S. 60.
3 Zit. n. *The Des Moines Register,* 15. Juni 1981, S. 7c.

Kapitel 8: Das verschwindende Kind

1 Siehe Leonide Martin, *Health Care of Women,* S. 95. Diese weit verbreitete Ansicht hat allerdings Vern L. Bullough von der State University of
New York in Buffalo in Zweifel gezogen. Siehe »Drop in Average Age for
Girls' Maturing Is Found to Be Slight«, *The New York Times,* 11. Juli
1981, S. 17.
2 Zur Verkleinerung der amerikanischen Haushalte vgl. George Masnick u.
Mary Jo Bane, *The Nation's Families: 1960–1990.*
3 Eine Dokumentation und Analyse über den Verfall des Disney-Imperiums
findet sich in dem Artiel »Wishing Upon a Falling Star at Disney«, *The
New York Times Magazine,* 16. November 1980.
4 McDonald's ist nicht bereit, Zahlen über die Alterszusammensetzung seiner Kundschaft zu nennen. Ich konnte hierzu von dieser Firma nur erfahren, daß junge Erwachsene mit kleinen Kindern die größte Gruppe innerhalb der McDonald's-Kunden bilden. Die Kategorien der von McDonald's
geführten Statistiken sind: kleine Kinder, »Tweens«, »Teens«, junge Erwachsene, ältere Menschen.
5 Diese Zahlen sind dem *Nielsen Report on Television 1980* entnommen.
6 *Nielsen Report on Television 1981.*
7 Angaben von RCA, dem größten amerikanischen Produzenten von Schallplatten mit klassischer Musik, zufolge brachte die Firma Anfang der sechziger Jahre monatlich etwa acht neue Schallplatten heraus. Heute ist diese
Zahl auf vier gesunken. Ein Sprecher von RCA behauptet, diese Situation
sei bei allen anderen Firmen der Branche ähnlich. RCA räumt auch ein,
daß der Marktanteil von klassischer Musik und anspruchsvoller populärer
Musik ständig zurückgegangen ist. Heute machen klassische Musik, Oper
und Kammermusik etwa sieben Prozent des Umsatzes aus. Die Hauptum-
sätze werden mit Rock, Country und Jazz gemacht.
8 Unter den vielen Untersuchungen, die diesen Rückgang dokumentieren,
befindet sich auch eine, die 1979 vom California Department of Education
durchgeführt wurde. Schüler der obersten Klasse, die nach dem California

Assessment Program getestet wurden, blieben mit ihren Leistungen im Lesen weiterhin (wie schon 1978) um sechzehn Prozentpunkte hinter dem nationalen Durchschnitt zurück.

9 Einem 1981 erschienenen Bericht des National Assessment of Educational Progress ist zu entnehmen, daß die Fähigkeit von Dreizehnjährigen zu logischem Schließen während der siebziger Jahre ständig zurückgegangen ist.

10 Eine hervorragende historische Analyse dieser Beziehungen liefert Richard Sennett, *Verfall und Ende des öffentlichen Lebens. Die Tyrannei der Intimität.*

11 Diese Zahlen wurden zusammengestellt nach den Angaben des Uniform Crime Report (herausgegeben vom FBI) für 1950 und 1970 und den Volkszählungsergebnissen für 1950 und 1970.

12 Siehe die in New York erscheinende *Daily News,* 17. Juli 1981, S. 5.

13 Siehe den Bericht von United Press International vom 22. Juni 1981.

14 Siehe *Daily News* (New York), 17. Juli 1981, S. 5.

15 Einen umfassenden Überblick über den Wandel der Einstellungen zur Kinderkriminalität gibt die *New York Times,* 24. Juli 1981.

16 Zit. n. Melvin Zelnik u. John Kantner, »Sexual and Contraceptive Experience of Young Unmarried Women in the United States, 1976 and 1971«, *Family Planning Perspectives,* Bd. 9, Nr. 2 (März/April 1977), S. 55–58.

17 Siehe Zelnik u. Kantner (Anm. 16).

18 Siehe Stephanie Ventura, »Teenage Childbearing: United States, 1966–75«, *The Monthly Vital Statistics Report,* veröffentlicht vom National Center for Health Statistics.

19 Siehe »Student Drug Use in America, 1975–1980«, vorbereitet von Lloyd Johnson, Jerald Bachman u. Patrick O'Malley von der University of Michigan, Institute for Social Research.

20 Farson, S. 108.

21 Farson, S. 126.

Literaturverzeichnis

Ariès, Philippe, *Geschichte der Kindheit,* München 1975.

Arnheim, Rudolf, »Fernsehen«, in: R. A., *Rundfunk als Hörkunst,* München 1979.

Barincou, Edmond, *Niccolò Machiavelli in Selbstzeugnissen und Bilddokumenten,* Reinbek 1958.

Barthes, Roland, *Mythen des Alltags,* Frankfurt 1964 (2. Aufl. 1970).

Bettelheim, Bruno, *Kinder brauchen Märchen,* München 1980.

Boorstin, Daniel J., *Das Image oder Was wurde aus dem amerikanischen Traum?,* Reinbek 1964.

Ders., *The Republic of Technology,* New York 1978.

Burke, James, *Connections,* Boston 1978.

Butler, Pierce, *Origin of Printing in Europe,* Chicago 1940.

Chaytor, H. J., *From Script to Print,* Cambridge 1945.

Cowley, Robert, »Their Work Is Child's Play«, *Horizon,* Bd. 13, Nr. 1, Winter 1971.

DeMause, Lloyd, »Evolution der Kindheit«, in: Lloyd deMause (Hrsg.), *Hört ihr die Kinder weinen. Eine psychogenetische Geschichte der Kindheit,* Frankfurt 1977.

Dewey, John, *The School and Society,* Chicago 1899.

Donzelot, Jacques, *Die Ordnung der Familie,* Frankfurt 1980.

Du Boulay, F. R. H., *An Age of Ambition: English Society in the Late Middle Ages,* New York 1970.

Eisenstein, Elizabeth, *The Printing Press As an Agent of Change,* Cambridge 1979.

Elias, Norbert, *Über den Prozeß der Zivilisation,* 2 Bde., Frankfurt 1976.

Farson, Richard, *Menschenrechte für Kinder. Die letzte Minderheit,* München 1975.

Gilmore, Myron, *The World of Humanism,* New York 1952.

Gimpel, Jean, *Die industrielle Revolution des Mittelalters,* Zürich, München 1980.

Havelock, Eric, *Origins of Western Literacy*, Toronto 1976.

Ders., »The Coming of Literate Communication to Western Culture«, *Journal of Communications*, Winter 1980.

Heilbronner, Robert, »The Demand of the Supply Side«, *The New York Review of Books*, Jg. 28, Nr. 10, 11. Juni 1981.

Holt, John, *Zum Teufel mit der Kindheit*, Wetzlar 1978.

Illick, Joseph. E., »Kindererziehung in England und Amerika im siebzehnten Jahrhundert«, in: Lloyd deMause (Hrsg.), *Hört ihr die Kinder weinen. Eine psychogenetische Geschichte der Kindheit*, Frankfurt 1977.

Langer, Susanne K., *Feeling and Form*, New York 1953.

Lasch, Christopher, *Geborgenheit. Die Bedrohung der Familie in der modernen Welt*, München 1981.

Locke, John, *Gedanken über Erziehung*, Stuttgart 1970.

Löwenthal, Leo, *Das Bild des Menschen in der Literatur*, Neuwied, Berlin 1966.

Mankiewicz, Frank u. Joel Swerdlow, *Remote Control*, New York 1979.

Martin, Leonide, *Health Care of Women*, New York 1978.

Masnick, George u. Mary Jo Bane, *The Nation's Families: 1960–1990*, Boston 1980.

McLuhan, Marshall, *Die Gutenberg-Galaxis. Das Ende des Buchzeitalters*, Düsseldorf, Wien 1968.

Mead, Margaret, *Der Konflikt der Generationen. Jugend ohne Vorbild*, München 1974.

Mumford, Lewis, *Technics and Civilization*, New York 1934.

Payne, George Henry, *The Child in Human Progress*, New York, London 1916.

Pinchbeck, Ivy u. Margaret Hewitt, *Children in English Society, Volume I: From Tudor Times to the Eighteenth Century*, Toronto 1969.

Dies., *Children in English Society, Volume II: From the Eighteenth Century to the Children Act of 1948*, Toronto 1973.

Plumb, J. H., »The Great Change in Children«, *Horizon*, Bd. 13, Nr. 1, Winter 1971.

Postman, Neil, *Teaching As a Conserving Activity*, New York 1979.

Salomon, Gavriel, *The Interaction of Media, Cognition and Learning*, San Francisco 1979.

Sennett, Richard, *Verfall und Ende des öffentlichen Lebens. Die Tyrannei der Intimität*, Frankfurt 1983.

Singer, Dorothy G., Jerome L. Singer u. Diana Zuckerman, *Teaching Television: How to Use TV to Your Child's Advantage*, New York 1981.

Steinberg, S. H., *Die schwarze Kunst. 500 Jahre Buchwesen*, München 1961 (2. Aufl.).

Stone, Lawrence, »The Educational Revolution in England, 1500–1640«, *Past and Present*, Nr. 28, Juli 1964.

Ders., »Literacy and Education in England, 1640–1900«, *Past and Present*, Nr. 42, Februar 1969.

Taylor, Isaac, *The History of the Alphabet,* New York 1974.

Tuchman, Barbara, *Der ferne Spiegel. Das dramatische 14. Jahrhundert,* Düsseldorf 1980.

Tucker, M. J., »Das Kind als Anfang und Ende: Kindheit in England im fünfzehnten und sechzehnten Jahrhundert«, in: Lloyd deMause (Hrsg.), *Hört ihr die Kinder weinen. Eine psychogenetische Geschichte der Kindheit,* Frankfurt 1977.

Walzer, John F., »Ein Zeitalter der Ambivalenz: Kindheit in Amerika im achtzehnten Jahrhundert«, in: Lloyd deMause (Hrsg.), *Hört ihr die Kinder weinen. Eine psychogenetische Geschichte der Kindheit,* Frankfurt 1977.

White, Lynn jr., *Die mittelalterliche Technik und der Wandel der Gesellschaft,* München 1968.

Wishy, Bernard, *The Child and the Republic,* Philadelphia 1968.

Register

190

Richard Sennett

Verfall und Ende des öffentlichen Lebens. Die Tyrannei der Intimität

Aus dem Amerikanischen von Reinhard Kaiser

405 Seiten, Broschur

Was geschieht, wenn die Öffentlichkeit als Forum gesellschaftlicher und kultureller Erfahrung zerfällt? Welche Folgen hat die Abkoppelung der Privatsphäre von den Belangen des Gemeinwesens? Wo liegen die Ursachen für die »Psychologisierung der Politik«, den Abbau der »offenen Verhaltensstile« in Familie, Kunst, Mode, Architektur etc. durch die »Logik der Intimität«?
Richard Sennett geht diesen (und anderen) Fragen in seinem Buche nach. Es gehört in eine Reihe mit David Riesmans *Die einsame Masse* und Jürgen Habermas' *Strukturwandel der Öffentlichkeit*. Es ist eine aufstörende Darstellung der Strukturgeschichte der Moderne *und* eine scharfsinnige Zeit-Diagnose. Bei Erscheinen der amerikanischen Ausgabe schrieb Carl E. Schorske: »Sennetts Suche nach den Ursachen der Verarmung des öffentlichen Lebens eröffnet faszinierende Perspektiven auf den Zusammenhang zwischen Theater, Politik, Stadtleben und Familie . . . Ungemein detailreich, gehört dieses Buch zu jenen Werken, die einen Anfang, keinen Schlußpunkt setzen.«

S. Fischer Verlag